Čínska Kuchyňa
Tajomstvá Chuťového Sveta

Wei Chen

Zhrnutie

Jednoduché vyprážané kura 9
Kuracie mäso v paradajkovej omáčke 11
Kuracie mäso s paradajkami 12
Poširované kura s paradajkami 13
Kuracie mäso a paradajky s omáčkou z čiernej fazule 14
Varené kura so zeleninou 15
Kuracie mäso s vlašskými orechmi 16
Kuracie mäso s orechmi 17
Kuracie mäso s vodnými gaštanmi 18
Slané kura s vodnými gaštanmi 19
Kuracie halušky 21
Chrumkavé kuracie krídelká 22
Kuracie krídelká z piatich korení 23
Marinované kuracie krídelká 24
Skutočné kuracie krídelká 26
Korenené kuracie krídelká 28
Grilované kuracie stehná 29
Hoisin kuracie stehná 30
Dusené kura 31
Chrumkavé vyprážané kura 32
Celé vyprážané kura 34
Kuracie mäso s piatym korením 35
Kuracie mäso so zázvorom a jarnou cibuľkou 37
Poširované kura 38
Kuracie mäso varené na červeno 39
Korenené kuracie mäso varené na červeno 40
Sezamové pečené kura 41
Kuracie mäso v sójovej omáčke 42
Kura na pare 44
Kuracie mäso na pare s anízom 45
Zvláštna chuť kuracieho mäsa 46
Chrumkavé kuracie kúsky 47

Kuracie mäso so zelenými fazuľkami 48
Varené kura s ananásom 49
Kuracie mäso s paprikou a paradajkami 50
Sezamové kura 51
Vyprážané poussins 52
Türkiye s Mangetoutom 53
Morka s paprikou 55
Čínske pečené Turecko 57
Morka s vlašskými orechmi a hubami 58
Kačica s bambusovými výhonkami 60
Kačica s fazuľovými klíčkami 61
Dusená kačica 62
Dusená kačica so zelerom 63
Kačica so zázvorom 64
Kačica so zelenými fazuľkami 66
Vyprážaná dusená kačica 68
Kačica s exotickým ovocím 69
Dusená kačica s čínskymi listami 71
Opitá kačica 73
Kačica z piatich korení 74
Restovaná kačica so zázvorom 75
Kačica so šunkou a pórom 76
Pečená kačica s medom 77
Mokrá pečená kačica 78
Vyprážaná kačica s hubami 79
Kačica s dvoma hubami 81
Dusená kačica s cibuľou 82
Kačica v pomarančovej omáčke 84
Pečená kačica s pomarančom 85
Kačica s hruškami a gaštanmi 86
Pekingská kačica 87
Dusená kačica s ananásom 90
Restovaná kačica s ananásom 91
Ananás a zázvorová kačica 93
Kačica s ananásom a liči 94
Kačica s bravčovým mäsom a gaštanmi 96

Kačica so zemiakmi 97
Varená červená kačica 99
Pečená kačica na ryžovom víne 100
Dusená kačica s ryžovým vínom 101
Pomaly varená kačica 102
Vyprážaná kačica 104
Kačica so sladkými zemiakmi 106
Sladkokyslá kačica 108
Mandarínková kačica 110
Kačica so zeleninou 111
Pikantné dusené bravčové mäso 113
Bravčové buchty na pare 115
Bravčové s kapustou 117
Bravčové s kapustou a paradajkami 119
Marinované bravčové mäso s kapustou 120
Bravčové mäso v zeleri 122
Bravčové mäso s gaštanmi a šampiňónmi 123
Bravčová kotleta Suey 124
Bravčové Chow Mein 126
Pečené bravčové Chow Mein 128
Bravčové mäso s chutney 129
Bravčové mäso s uhorkou 131
Chrumkavé bravčové balíčky 132
Rolky z bravčových vajec 133
Bravčové a krevetové vaječné rolky 134
Dusené bravčové mäso s vajcami 135
Ohnivé prasa 136
Vyprážaná bravčová panenka 138
Bravčové mäso z piatich korení 139
Dusené voňavé bravčové mäso 140
Bravčové mäso s mletým cesnakom 142
Vyprážané bravčové mäso so zázvorom 143
Bravčové mäso so zelenými fazuľkami 144
Bravčové mäso so šunkou a tofu 145
Vyprážané bravčové špízy 147
Dusená bravčová stopka v červenej omáčke 148

Marinované bravčové mäso ... 150
Marinované bravčové kotlety ... 151
Bravčové s hubami ... 152
Mäsový koláč na pare ... 153
Varené bravčové mäso s hubami ... 154
Bravčové mäso s rezancami ... 155
Bravčové mäso a krevety s rezancami ... 156
Bravčové s ustricovou omáčkou ... 158
Bravčové mäso s arašidmi ... 159
Bravčové mäso s paprikou ... 161
Pikantné bravčové mäso s kyslou uhorkou ... 162
Bravčové mäso so slivkovou omáčkou ... 164
Bravčové s krevetami ... 165
Bravčové mäso varené na červeno ... 166
Bravčové mäso v červenej omáčke ... 167
Bravčové mäso s ryžovými rezancami ... 169
Bohaté bravčové fašírky ... 171
Pečené bravčové kotlety ... 172
Pikantné bravčové mäso ... 173
Klzké bravčové plátky ... 175
Bravčové mäso so špenátom a mrkvou ... 176
Dusené bravčové mäso ... 177
Vyprážané bravčové mäso ... 178
Bravčové mäso so sladkými zemiakmi ... 179
Sladké a kyslé bravčové mäso ... 181
Slané bravčové mäso ... 183
Bravčové mäso s tofu ... 184
Vyprážané bravčové mäso ... 185
Dvakrát varené bravčové mäso ... 186
Bravčové mäso so zeleninou ... 187
Bravčové mäso s vlašskými orechmi ... 189
Vepřo knedlo ... 190
Bravčové s vodnými gaštanmi ... 191
Bravčové a krevetové wontony ... 192
Mleté mäsové guľky v pare ... 193
Rebierka s omáčkou z čiernej fazule ... 195

Grilované rebierka *197*
Grilované javorové rebrá *198*
Vyprážané rebrá *199*
Rebrá s pórom *200*
Rebierka s hubami *202*
Rebrá s pomarančom *203*
Ananásové rebrá *205*
Chrumkavé krevetové rebrá *207*
Rebrá v ryžovom víne *208*
Bravčové rebrá so sezamovými semienkami *209*
Sladkokyslé rebierka *211*
Dusené rebrá *213*
Rebierka s paradajkami *214*
Bravčové pečené na grile *216*
Studené bravčové s horčicou *217*

Jednoduché vyprážané kura

Pre 4 osoby

1 kuracie prsia, nakrájané na tenké plátky

2 plátky koreňa zázvoru, nasekané

2 jarné cibuľky (nakrájaná cibuľka).

15 ml / 1 polievková lyžica kukuričnej múky (kukuričný škrob)

15 ml / 1 polievková lyžica ryžového vína alebo suchého sherry

30 ml / 2 polievkové lyžice vody

2,5 ml / ½ čajovej lyžičky soli

45 ml / 3 lyžice arašidového oleja

100 g / 4 oz bambusové výhonky, nakrájané na plátky

100 g šampiňónov, nakrájaných na plátky

100 g sójových klíčkov

15 ml / 1 polievková lyžica sójovej omáčky

5 ml / 1 lyžička cukru

120 ml / 4 fl oz / ½ šálky kuracieho vývaru

Vložte kurča do misy. Zmiešajte zázvor, jarnú cibuľku, kukuričnú múku, víno alebo sherry, vodu a soľ, vmiešajte kurča a nechajte 1 hodinu odpočívať. Zahrejte polovicu oleja a opečte kurča na panvici, kým jemne nezhnedne, potom vyberte z panvice. Zohrejeme zvyšný olej a za stáleho miešania opekáme 4 minúty bambusové výhonky, huby a fazuľové klíčky. Pridajte sójovú omáčku, cukor a vývar, priveďte do varu, prikryte a duste 5 minút, kým zelenina nezmäkne. Vráťte kurča na panvicu, dobre premiešajte a pred podávaním jemne prehrejte.

Kuracie mäso v paradajkovej omáčke

Pre 4 osoby

30 ml / 2 polievkové lyžice arašidového oleja

5 ml / 1 lyžička soli

2 strúčiky cesnaku, rozdrvené

450 g kuracieho mäsa nakrájaného na kocky

300 ml / ½ bodu / 1 ¼ šálky kuracieho vývaru

120 ml / 4 fl oz / ½ šálky paradajkového kečupu (catsup)

15 ml / 1 polievková lyžica kukuričnej múky (kukuričný škrob)

4 jarné cibuľky (plátky cibule).

Zohrievajte olej so soľou a cesnakom, kým cesnak jemne nezhnedne. Pridajte kuracie mäso a za stáleho miešania opečte, kým jemne nezhnedne. Pridáme väčšinu vývaru, privedieme do varu, prikryjeme a dusíme asi 15 minút, kým kura nezmäkne. Zvyšný vývar zmiešajte s kečupom a maizenou a vmiešajte do panvice. Za stáleho miešania dusíme, kým omáčka nezhustne a zosvetlí. Ak je omáčka príliš riedka, necháme ju chvíľu podusiť, kým sa nezredukuje. Pridáme jarnú cibuľku a pred podávaním podusíme 2 minúty.

Kuracie mäso s paradajkami

Pre 4 osoby

225 g kuracieho mäsa, nakrájaného na kocky
15 ml / 1 polievková lyžica kukuričnej múky (kukuričný škrob)
15 ml / 1 polievková lyžica sójovej omáčky
15 ml / 1 polievková lyžica ryžového vína alebo suchého sherry
45 ml / 3 lyžice arašidového oleja
1 cibuľa, nakrájaná na kocky
60 ml / 4 polievkové lyžice kuracieho vývaru
5 ml / 1 lyžička soli
5 ml / 1 lyžička cukru
2 paradajky, olúpané a nakrájané na kocky

Kuracie mäso zmiešame s kukuričnou múkou, sójovou omáčkou a vínom alebo sherry a necháme 30 minút postáť. Zahrejte olej a opečte kurča, kým nebude svetlo sfarbené. Pridajte cibuľu a restujte, kým nezmäkne. Pridajte vývar, soľ a cukor, priveďte do varu a na miernom ohni jemne miešajte, kým sa kura neuvarí. Pridajte paradajky a miešajte, kým sa nezahrejú.

Pošírované kura s paradajkami

Pre 4 osoby

4 porcie kuracieho mäsa
4 paradajky, olúpané a nakrájané na štvrtiny
15 ml / 1 polievková lyžica ryžového vína alebo suchého sherry
15 ml / 1 polievková lyžica arašidového oleja
soľ

Vložte kurča do panvice a zakryte studenou vodou. Priveďte do varu, prikryte a duste 20 minút. Pridajte paradajky, víno alebo sherry, olej a soľ, prikryte a duste ďalších 10 minút, kým nebude kura upečené. Položte kurča na teplý servírovací tanier a nakrájajte na kúsky. Omáčku prehrejte a nalejte na kura, aby ste mohli podávať.

Kuracie mäso a paradajky s omáčkou z čiernej fazule

Pre 4 osoby

45 ml / 3 lyžice arašidového oleja
1 strúčik cesnaku, rozdrvený
45 ml / 3 lyžice omáčky z čiernej fazule
225 g kuracieho mäsa, nakrájaného na kocky
15 ml / 1 polievková lyžica ryžového vína alebo suchého sherry
5 ml / 1 lyžička cukru
15 ml / 1 polievková lyžica sójovej omáčky
90 ml / 6 polievkových lyžíc kuracieho vývaru
3 paradajky, olúpané a nakrájané na štvrtiny
10 ml / 2 čajové lyžičky kukuričnej múky (kukuričný škrob)
45 ml / 3 polievkové lyžice vody

Zahrejte olej a smažte cesnak po dobu 30 sekúnd. Pridajte omáčku z čiernej fazule a za stáleho miešania smažte 30 sekúnd, potom pridajte kuracie mäso a miešajte, kým sa dobre neobalí v oleji. Pridáme víno alebo sherry, cukor, sójovú omáčku a vývar, privedieme do varu, prikryjeme a dusíme asi 5 minút, kým sa kura neuvarí. Kukuričnú krupicu a vodu zmiešame na pastu, vmiešame do panvice a za stáleho miešania dusíme, kým omáčka nezosvetlí a nezhustne.

Varené kura so zeleninou

Pre 4 osoby

1 vaječný bielok
50 g kukuričnej múky (kukuričný škrob)
225 g kuracích pŕs, nakrájaných na prúžky
75 ml / 5 polievkových lyžíc arašidového oleja
200 g / 7 oz bambusové výhonky, nakrájané na prúžky
50 g sójových klíčkov
1 zelená paprika, nakrájaná na prúžky
3 jarné cibuľky (plátky cibule).
1 plátok koreňa zázvoru, nasekaný
1 strúčik cesnaku, mletý
15 ml / 1 polievková lyžica ryžového vína alebo suchého sherry

Vyšľahajte vaječný bielok a kukuričnú múku a potom do zmesi ponorte kuracie prúžky. Olej zohrejte na stredne horúci a smažte kurča niekoľko minút, kým nebude úplne uvarené. Vyberte z panvice a dobre sceďte. Do panvice pridajte bambusové výhonky, fazuľové klíčky, korenie, cibuľu, zázvor a cesnak a za stáleho miešania opekajte 3 minúty. Pridajte víno alebo sherry a vráťte kurča do panvice. Pred podávaním dobre premiešajte a prehrejte.

Kuracie mäso s vlašskými orechmi

Pre 4 osoby

45 ml / 3 lyžice arašidového oleja

2 jarné cibuľky (nakrájaná cibuľka).

1 plátok koreňa zázvoru, nasekaný

450 g kuracích pŕs, nakrájaných na tenké plátky

50 g šunky, nakrájanej

30 ml / 2 polievkové lyžice sójovej omáčky

30 ml / 2 polievkové lyžice ryžového vína alebo suchého sherry

5 ml / 1 lyžička cukru

5 ml / 1 lyžička soli

100 g / 4 oz / 1 šálka vlašských orechov, nasekaných

Rozohrejte olej a 1 minútu opečte cibuľu a zázvor. Pridajte kuracie mäso a šunku a za stáleho miešania smažte 5 minút, kým nie sú takmer uvarené. Pridajte sójovú omáčku, víno alebo sherry, cukor a soľ a za stáleho miešania smažte 3 minúty. Pridajte orechy a za stáleho miešania smažte 1 minútu, kým sa ingrediencie dobre nespoja.

Kuracie mäso s orechmi

Pre 4 osoby

100 g / 4 unce / 1 šálka lúpaných vlašských orechov,
rozpolených

vyprážať olej

45 ml / 3 lyžice arašidového oleja

2 plátky koreňa zázvoru, nasekané

225 g kuracieho mäsa, nakrájaného na kocky

100 g / 4 oz bambusové výhonky, nakrájané na plátky

75 ml / 5 polievkových lyžíc kuracieho vývaru

Pripravte orechy, zohrejte olej a opečte orechy do zlatista, potom ich dobre sceďte. Zahrejte arašidový olej a smažte zázvor 30 sekúnd. Pridajte kuracie mäso a za stáleho miešania opečte, kým jemne nezhnedne. Pridajte zvyšné ingrediencie, priveďte do varu a za stáleho miešania varte, kým sa kura neuvarí.

Kuracie mäso s vodnými gaštanmi

Pre 4 osoby

45 ml / 3 lyžice arašidového oleja
2 strúčiky cesnaku, rozdrvené
2 jarné cibuľky (nakrájaná cibuľka).
1 plátok koreňa zázvoru, nasekaný
225 g kuracích pŕs, nakrájaných na plátky
100 g vodných gaštanov nakrájaných na plátky
45 ml / 3 lyžice sójovej omáčky
15 ml / 1 polievková lyžica ryžového vína alebo suchého sherry
5 ml / 1 čajová lyžička kukuričnej múky (kukuričný škrob)

Rozohrejeme olej a orestujeme cesnak, jarnú cibuľku a zázvor, kým jemne nezhnednú. Pridajte kuracie mäso a za stáleho miešania smažte 5 minút. Pridajte vodné gaštany a za stáleho miešania smažte 3 minúty. Pridajte sójovú omáčku, víno alebo sherry a kukuričnú múku a za stáleho miešania smažte asi 5 minút, kým sa kura neuvarí.

Slané kura s vodnými gaštanmi

Pre 4 osoby

30 ml / 2 polievkové lyžice arašidového oleja
4 kusy kuracieho mäsa
3 jarné cibuľky (nakrájaná cibuľka).
2 strúčiky cesnaku, rozdrvené
1 plátok koreňa zázvoru, nasekaný
250 ml / 8 fl oz / 1 šálka sójovej omáčky
30 ml / 2 polievkové lyžice ryžového vína alebo suchého sherry
30 ml / 2 polievkové lyžice hnedého cukru
5 ml / 1 lyžička soli
375 ml / 13 fl oz / 1 ¼ šálky vody
225 g vodných gaštanov, nakrájaných na plátky
15 ml / 1 polievková lyžica kukuričnej múky (kukuričný škrob)

Rozpálime olej a kuracie kúsky opečieme do zlatista. Pridajte jarnú cibuľku, cesnak a zázvor a smažte 2 minúty. Pridajte sójovú omáčku, víno alebo sherry, cukor a soľ a dobre premiešajte. Pridajte vodu a priveďte do varu, prikryte a varte 20 minút. Pridajte vodné gaštany, prikryte a varte ďalších 20 minút. Kukuričnú krupicu zmiešame s trochou vody, vmiešame do omáčky a za stáleho miešania dusíme, kým omáčka nezosvetlí a nezhustne.

Kuracie halušky

Pre 4 osoby

4 sušené čínske huby

450 g kuracie prsia, nastrúhané

225 g nasekanej zeleniny

1 jarná cibuľka (nasekaná cibuľka).

15 ml / 1 polievková lyžica sójovej omáčky

2,5 ml / ½ čajovej lyžičky soli

40 wonton skinov

1 vajce, rozšľahané

Namočte huby do teplej vody na 30 minút, potom sceďte. Odstráňte stonky a nakrájajte čiapky. Zmiešame s kuracím mäsom, zeleninou, sójovou omáčkou a soľou.

Ak chcete zložiť wontons, chyťte kožu do dlane ľavej ruky a do stredu naneste trochu plnky. Okraje navlhčite vajíčkom a zložte kožu do trojuholníka, pričom okraje utesnite. Rohy navlhčite vajíčkom a otočte spolu.

Hrniec plný vody privedieme do varu. Pridáme wontony a dusíme asi 10 minút, kým nedosiahnu povrch.

Chrumkavé kuracie krídelká

Pre 4 osoby

900 g / 2 lb kuracie krídelká
60 ml / 4 lyžice ryžového vína alebo suchého sherry
60 ml / 4 polievkové lyžice sójovej omáčky
50 g / 2 oz / ½ šálky kukuričnej múky (kukuričný škrob)
arašidový olej (arašidy) na vyprážanie

Vložte kuracie krídelká do misy. Zmiešajte ostatné ingrediencie a nalejte ich na kuracie krídelká, dobre premiešajte, aby boli pokryté omáčkou. Prikryte a nechajte 30 minút odpočívať. Zahrejte olej a opečte kurča v dávkach, kým nie je uvarené a tmavo hnedé. Nechajte dobre odkvapkať na papierových utierkach a udržiavajte v teple, kým opečiete zvyšné kura.

Kuracie krídelká z piatich korení

Pre 4 osoby

30 ml / 2 polievkové lyžice arašidového oleja

2 strúčiky cesnaku, rozdrvené

450 g / 1 lb kuracie krídelká

250 ml / 8 fl oz / 1 šálka kuracieho vývaru

30 ml / 2 polievkové lyžice sójovej omáčky

5 ml / 1 lyžička cukru

5 ml / 1 čajová lyžička prášku z piatich korení

Zohrievajte olej a cesnak, kým cesnak jemne nezhnedne. Pridajte kuracie mäso a opečte, kým jemne nezhnedne. Pridajte ostatné ingrediencie, dobre premiešajte a priveďte do varu. Prikryjeme a dusíme asi 15 minút, kým sa kura neuvarí. Odoberieme pokrievku a za občasného miešania ďalej dusíme, kým sa takmer všetka tekutina neodparí. Podávajte teplé alebo studené.

Marinované kuracie krídelká

Pre 4 osoby

45 ml / 3 lyžice sójovej omáčky

45 ml / 3 lyžice ryžového vína alebo suchého sherry

30 ml / 2 polievkové lyžice hnedého cukru

5 ml / 1 lyžička strúhaného koreňa zázvoru

2 strúčiky cesnaku, rozdrvené

6 jarnej cibuľky (plátky cibule).

450 g / 1 lb kuracie krídelká

30 ml / 2 polievkové lyžice arašidového oleja

225 g / 8 oz bambusové výhonky, nakrájané na plátky

20 ml / 4 čajové lyžičky kukuričnej múky (kukuričný škrob)

175 ml / 6 fl oz / ¾ šálky kuracieho vývaru

Vmiešame sójovú omáčku, víno alebo sherry, cukor, zázvor, cesnak a jarnú cibuľku. Pridajte kuracie krídelká a premiešajte, aby sa úplne obalili. Zakryte a nechajte 1 hodinu odpočívať za občasného miešania. Rozpálime olej a za stáleho miešania opekáme bambusové výhonky 2 minúty. Odstráňte ich z panvice. Kuracie mäso a cibuľu sceďte, marinádu si ponechajte. Rozpálime olej a na panvici opečieme kura zo všetkých strán dozlatista. Prikryjeme a varíme ďalších 20 minút, kým kura nezmäkne. Zmiešajte kukuričný škrob s vývarom a odloženou marinádou. Nalejte kurča a za stáleho miešania priveďte do varu, kým omáčka nezhustne. Vmiešame bambusové výhonky a dusíme za stáleho miešania ďalšie 2 minúty.

Skutočné kuracie krídelká

Pre 4 osoby

12 kuracích krídel

250 ml / 8 fl oz / 1 šálka arašidového oleja

15 ml / 1 polievková lyžica práškového cukru

2 jarné cibuľky (pokrájané na kúsky).

5 plátkov koreňa zázvoru

5 ml / 1 lyžička soli

45 ml / 3 lyžice sójovej omáčky

250 ml / 8 fl oz / 1 šálka ryžového vína alebo suchého sherry

250 ml / 8 fl oz / 1 šálka kuracieho vývaru

10 plátkov bambusových výhonkov

15 ml / 1 polievková lyžica kukuričnej múky (kukuričný škrob)

15 ml / 1 polievková lyžica vody

2,5 ml / ½ čajovej lyžičky sezamového oleja

Kuracie krídelká blanšírujeme vo vriacej vode 5 minút a potom dobre scedíme. Zahrejte olej, pridajte cukor a miešajte, kým sa neroztopí a nezozlatne. Pridajte kuracie mäso, jarnú cibuľku, zázvor, soľ, sójovú omáčku, víno a vývar, priveďte do varu a varte 20 minút. Pridajte bambusové výhonky a varte 2 minúty alebo kým sa tekutina takmer neodparí. Kukuričnú múku zmiešame s vodou, vmiešame do panvice a miešame, kým nezhustne. Kuracie krídelká preložíme na teplý servírovací tanier a podávame pokvapkané sezamovým olejom.

Korenené kuracie krídelká

Pre 4 osoby

30 ml / 2 polievkové lyžice arašidového oleja

5 ml / 1 lyžička soli

2 strúčiky cesnaku, rozdrvené

900 g / 2 lb kuracie krídelká

30 ml / 2 polievkové lyžice ryžového vína alebo suchého sherry

30 ml / 2 polievkové lyžice sójovej omáčky

30 ml / 2 polievkové lyžice paradajkového pretlaku (pasta)

15 ml / 1 polievková lyžica Worcestershire omáčka

Olej, soľ a cesnak zohrejeme a opekáme, kým cesnak jemne nezozlatne. Pridajte kuracie krídelká a smažte za častého miešania asi 10 minút, kým nebudú zlatohnedé a takmer uvarené. Pridajte zvyšné ingrediencie a za stáleho miešania opekajte asi 5 minút, kým nebude kura chrumkavé a dobre upečené.

Grilované kuracie stehná

Pre 4 osoby

16 kuracích stehien

30 ml / 2 polievkové lyžice ryžového vína alebo suchého sherry

30 ml / 2 lyžice vínneho octu

30 ml / 2 lyžice olivového oleja

soľ a čerstvo mleté korenie

120 ml / 4 fl oz / ½ šálky pomarančového džúsu

30 ml / 2 polievkové lyžice sójovej omáčky

30 ml / 2 polievkové lyžice medu

15 ml / 1 polievková lyžica citrónovej šťavy

2 plátky koreňa zázvoru, nasekané

120 ml / 4 fl oz / ½ šálky chilli omáčky

Všetky ingrediencie okrem čili omáčky spolu zmiešame, prikryjeme a necháme cez noc marinovať v chladničke. Vyberte kurča z marinády a grilujte alebo grilujte (grilujte) asi 25 minút, počas varenia otáčajte a miešajte s chilli omáčkou.

Hoisin kuracie stehná

Pre 4 osoby

8 kuracích stehien

600 ml / 1 bod / 2½ šálky kuracieho vývaru

soľ a čerstvo mleté korenie

250 ml / 8 fl oz / 1 šálka hoisin omáčky

30 ml / 2 polievkové lyžice hladkej múky (univerzálne)

2 rozšľahané vajcia

100 g / 4 unce / 1 šálka strúhanky

vyprážať olej

Umiestnite paličky a vývar na panvicu, priveďte do varu, prikryte a duste 20 minút, kým sa neuvaria. Vyberte kurča z panvice a osušte ho na papierovej utierke. Vložte kurča do misy a dochuťte soľou a korením. Prelejeme hoisinovou omáčkou a necháme 1 hodinu marinovať. Vypustiť. Položte kurča do múky, potom obalte vo vajciach a strúhanke, potom znova vo vajci a strúhanke. Rozpálime olej a kura opekáme asi 5 minút do zlatista. Scedíme na savý papier a podávame teplé alebo studené.

Dusené kura

Pre 4-6 osôb

75 ml / 5 polievkových lyžíc arašidového oleja

1 kura

3 jarné cibuľky (plátky cibule).

3 plátky koreňa zázvoru

120 ml / 4 fl oz / ½ šálky sójovej omáčky

30 ml / 2 polievkové lyžice ryžového vína alebo suchého sherry

5 ml / 1 lyžička cukru

Zohrejte olej a opečte kurča do zlatista. Pridajte jarnú cibuľku, zázvor, sójovú omáčku a víno alebo sherry a priveďte do varu. Prikryjeme a za občasného miešania dusíme 30 minút.

Pridáme cukor, prikryjeme a dusíme ďalších 30 minút, kým sa kura neuvarí.

Chrumkavé vyprážané kura

Pre 4 osoby

1 kura

soľ

30 ml / 2 polievkové lyžice ryžového vína alebo suchého sherry

3 jarné cibuľky (párky), nakrájané na kocky

1 plátok koreňa zázvoru

30 ml / 2 polievkové lyžice sójovej omáčky

30 ml / 2 polievkové lyžice cukru

5 ml / 1 lyžička celých klinčekov

5 ml / 1 lyžička soli

5 ml / 1 lyžička korenia

150 ml / ¼ pt / štedrý ½ šálky kuracieho vývaru

vyprážať olej

1 hlávkový šalát, nastrúhaný

4 paradajky, nakrájané na plátky

½ uhorky, nakrájané na plátky

Kuracie mäso potrieme soľou a necháme 3 hodiny. Opláchnite a vložte do misy. Pridajte víno alebo sherry, zázvor, sójovú omáčku, cukor, klinčeky, soľ, korenie a vývar a dobre prelejte. Vložte misku do parného hrnca, prikryte a duste asi 2¼ hodiny, kým nebude kura úplne uvarené. Vypustiť. Zahrejte olej do údenia, potom pridajte kuracie mäso a opečte do zlatista. Smažte ďalších 5 minút, potom vyberte z oleja a sceďte. Nakrájajte ich na kúsky a poukladajte na vyhrievaný servírovací tanier. Ozdobte šalátom, paradajkami a uhorkou a podávajte s omáčkou z korenia a soli.

Celé vyprážané kura

Pre 5 osôb

1 kura
10 ml / 2 čajové lyžičky soli
15 ml / 1 polievková lyžica ryžového vína alebo suchého sherry
2 jarné cibuľky (párky), rozpolené
3 plátky koreňa zázvoru, nakrájané na prúžky
vyprážať olej

Kurča osušíme a kožu potrieme soľou a vínom alebo sherry. Do dutiny vložte jarnú cibuľku a zázvor. Kurča zaveste na chladné miesto asi na 3 hodiny sušiť. Zahrejte olej a vložte kurča do košíka na vyprážanie. Jemne ponorte do oleja a priebežne podtierajte zvnútra aj zvonka, kým kurča nebude jemne sfarbené. Odstráňte z oleja a nechajte mierne vychladnúť, kým olej zohrejete. Znova smažte do zlatista. Dobre ich sceďte a nakrájajte na kúsky.

Kuracie mäso s piatym korením

Pre 4-6 osôb

1 kura

120 ml / 4 fl oz / ½ šálky sójovej omáčky

2,5 cm / 1 ks koreň zázvoru, nasekaný

1 strúčik cesnaku, rozdrvený

15 ml / 1 polievková lyžica prášku z piatich korení

30 ml / 2 polievkové lyžice ryžového vína alebo suchého sherry

30 ml / 2 polievkové lyžice medu

2,5 ml / ½ čajovej lyžičky sezamového oleja

vyprážať olej

30 ml / 2 polievkové lyžice soli

5 ml / 1 lyžička čerstvo mletého korenia

Vložte kurča do veľkého hrnca a naplňte ho do polovice stehna vodou. Odložte si 15 ml/1 polievkovú lyžicu sójovej omáčky a zvyšok pridajte do panvice so zázvorom, cesnakom a polovicou prášku z piatich korení. Priveďte do varu, prikryte a duste 5 minút. Vypnite oheň a nechajte kurča sedieť vo vode, kým voda nie je vlažná. Vypustiť.

Kuracie mäso prekrojíme pozdĺžne na polovicu a položíme reznou stranou nadol na pekáč. Zmiešajte zvyšnú sójovú omáčku a prášok z piatich korení s vínom alebo sherry, medom a sezamovým olejom. Zmesou votrite kurča a nechajte 2 hodiny odpočívať, občas zmesou potrite. Rozpálime olej a polovičky kuraťa opekáme asi 15 minút do zlatista a uvarenia. Scedíme ich na savý papier a nakrájame na kúsky veľkosti porcie.

Medzitým zmiešame soľ a korenie a zohrievame na suchej panvici asi 2 minúty. Podávame ako dip s kuracím mäsom.

Kuracie mäso so zázvorom a jarnou cibuľkou

Pre 4 osoby

1 kura

2 plátky koreňa zázvoru, nakrájané na prúžky

soľ a čerstvo mleté korenie

90 ml / 4 polievkové lyžice arašidového oleja

8 jarných cibuľiek (cibuliek), nakrájaných nadrobno

10 ml / 2 čajové lyžičky bieleho vínneho octu

5 ml / 1 lyžička sójovej omáčky

Vložte kurča do veľkého hrnca, pridajte polovicu zázvoru a nalejte toľko vody, aby kurča takmer pokrylo. Dochutíme soľou a korením. Priveďte do varu, prikryte a varte asi 1¼ hodiny do mäkka. Kura necháme vo vývare odpočívať, kým nevychladne. Kura scedíme a dáme chladiť do chladu. Nakrájajte na porcie.

Zvyšný zázvor nastrúhame a zmiešame s olejom, jarnou cibuľkou, vínnym octom a sójovou omáčkou, soľou a korením. Vložte do chladničky na 1 hodinu. Kuracie kúsky vložte do servírovacej misy a polejte ich zázvorovým dresingom. Podávame s dusenou ryžou.

Pošírované kura

Pre 4 osoby

1 kura

1,2 l / 2 pt / 5 šálok kuracieho vývaru alebo vody

30 ml / 2 polievkové lyžice ryžového vína alebo suchého sherry

4 nasekané jarné cibuľky (nakrájaná cibuľka).

1 plátok koreňa zázvoru

5 ml / 1 lyžička soli

Vložte kurča do veľkého hrnca so všetkými zvyšnými prísadami. Vývar alebo voda by mali siahať do polovice stehien. Priveďte do varu, prikryte a duste asi 1 hodinu, kým nebude kura úplne uvarené. Scedíme, vývar si necháme na polievky.

Kuracie mäso varené na červeno

Pre 4 osoby

1 kura

250 ml / 8 fl oz / 1 šálka sójovej omáčky

Kura položíme na panvicu, zalejeme sójovou omáčkou a dolejeme vodou, aby kura takmer pokrylo. Privedieme do varu, prikryjeme a za občasného otáčania dusíme asi 1 hodinu, kým sa kura neuvarí.

Korenené kuracie mäso varené na červeno

Pre 4 osoby

2 plátky koreňa zázvoru
2 jarné cibuľky (šupka)
1 kura
3 badiánové klinčeky
½ tyčinky škorice
15 ml / 1 polievková lyžica sečuánskeho korenia
75 ml / 5 lyžíc sójovej omáčky
75 ml / 5 lyžíc ryžového vína alebo suchého sherry
75 ml / 5 lyžíc sezamového oleja
15 ml / 1 polievková lyžica cukru

Vložte zázvor a jarnú cibuľku do kuracej dutiny a vložte kurča do panvice. Badián, škoricu a korenie zviažte do kúska mušelínu a pridajte na panvicu. Prelejte sójovou omáčkou, vínom alebo sherry a sezamovým olejom. Priveďte do varu, prikryte a duste asi 45 minút. Pridáme cukor, prikryjeme a dusíme ďalších 10 minút, kým sa kura neuvarí.

Sezamové pečené kura

Pre 4 osoby

50 g sezamových semienok
1 cibuľu nakrájanú nadrobno
2 strúčiky cesnaku, mleté
10 ml / 2 čajové lyžičky soli
1 sušené červené čili, nakrájané
štipka mletých klinčekov
2,5 ml / ½ čajovej lyžičky mletého kardamónu
2,5 ml / ½ čajovej lyžičky mletého zázvoru
75 ml / 5 polievkových lyžíc arašidového oleja
1 kura

Všetky koreniny a olej spolu zmiešame a kura potrieme. Vložte ho do pekáča a pridajte do neho 30 ml / 2 polievkové lyžice vody. Pečieme v predhriatej rúre na 180°C/350°F/plyn číslo 4 asi 2 hodiny, kura občas podlievame a obraciame, kým kura nie je zlatohnedé a upečené. Ak je to potrebné, pridajte trochu vody, aby ste zabránili pripáleniu.

Kuracie mäso v sójovej omáčke

Pre 4-6 osôb

300 ml / ½ bodu / 1 ¼ šálky sójovej omáčky
300 ml / ½ bodu / 1 ¼ šálky ryžového vína alebo suchého sherry
1 cibuľa, nakrájaná
3 plátky koreňa zázvoru, nasekané
50 g / 2 oz / ¼ šálky cukru
1 kura
15 ml / 1 polievková lyžica kukuričnej múky (kukuričný škrob)
60 ml / 4 polievkové lyžice vody
1 uhorka, ošúpaná a nakrájaná na plátky
30 ml / 2 lyžice nasekanej čerstvej petržlenovej vňate

Sójovú omáčku, víno alebo sherry, cibuľu, zázvor a cukor zmiešame na panvici a privedieme do varu. Pridáme kura, vrátime do varu, prikryjeme a dusíme 1 hodinu, pričom kura občas obrátime, kým sa kura neuvarí. Kurča preložíme na teplý servírovací tanier a nakrájame. Nalejte všetko okrem 250 ml / 8 fl oz / 1 šálku tekutiny na varenie a priveďte ju späť do varu. Kukuričnú krupicu a vodu rozmixujeme na pastu, vmiešame do panvice a za stáleho miešania dusíme, kým omáčka nezosvetlí a nezhustne. Potrieme kura omáčkou a ozdobíme ho uhorkou a petržlenovou vňaťou. Zvyšnú omáčku podávajte oddelene.

Kura na pare

Pre 4 osoby

1 kura

45 ml / 3 lyžice ryžového vína alebo suchého sherry

soľ

2 plátky koreňa zázvoru

2 jarné cibuľky (šupka)

250 ml / 8 fl oz / 1 šálka kuracieho vývaru

Vložte kurča do ohňovzdornej misy a potrite vínom alebo sherry a soľou a do dutiny vložte zázvor a jarnú cibuľku. Misku položte na mriežku v parnom hrnci, prikryte a duste nad vriacou vodou asi 1 hodinu, kým sa neuvarí. Podávajte teplé alebo studené.

Kuracie mäso na pare s anízom

Pre 4 osoby

250 ml / 8 fl oz / 1 šálka sójovej omáčky

250 ml / 8 fl oz / 1 šálka vody

15 ml / 1 polievková lyžica hnedého cukru

4 hviezdičkové klinčeky anízu

1 kura

Sójovú omáčku, vodu, cukor a aníz zmiešame v hrnci a privedieme do mierneho varu. Vložte kurča do misy a opatrne potrite zmesou zvnútra aj zvonka. Zmes znova zahrejte a opakujte. Vložte kurča do rúry odolnej voči rúre. Misku položte na mriežku v parnom hrnci, prikryte a duste nad vriacou vodou asi 1 hodinu, kým sa neuvarí.

Zvláštna chuť kuracieho mäsa

Pre 4 osoby

1 kura

5 ml / 1 lyžička nasekaného koreňa zázvoru

5 ml / 1 lyžička mletého cesnaku

45 ml / 3 lyžice hustej sójovej omáčky

5 ml / 1 lyžička cukru

2,5 ml / ½ lyžičky vínneho octu

10 ml / 2 čajové lyžičky sezamovej omáčky

5 ml / 1 lyžička čerstvo mletého korenia

10 ml / 2 čajové lyžičky chilli oleja

½ hlávkového šalátu, nastrúhaného

15 ml / 1 polievková lyžica nasekaného čerstvého koriandra

Vložte kurča do panvice a naplňte vodou, kým nedosiahne polovicu kuracích stehien. Privedieme do varu, prikryjeme a dusíme asi 1 hodinu, kým kura nezmäkne. Vyberte z panvice a dobre sceďte a ponorte do ľadovej vody, kým mäso úplne nevychladne. Dobre sceďte a nakrájajte na 5cm/2cm kúsky. Všetky zvyšné ingrediencie spolu zmiešajte a nalejte na kura. Podávame ozdobené hlávkovým šalátom a koriandrom.

Chrumkavé kuracie kúsky

Pre 4 osoby

100 g hladkej múky (univerzálna)
štipka soli
15 ml / 1 polievková lyžica vody
1 vajce
350 g vareného kuracieho mäsa, nakrájaného na kocky
vyprážať olej

Múku, soľ, vodu a vajce zmiešajte, kým vám nevznikne pomerne tuhé cesto, v prípade potreby pridajte trochu vody. Kuracie kúsky namáčajte do cesta, kým nebudú dobre pokryté. Rozohrejte olej, kým nebude veľmi horúci, a kura na ňom niekoľko minút opekajte, kým nebude chrumkavé a zlaté.

Kuracie mäso so zelenými fazuľkami

Pre 4 osoby

45 ml / 3 lyžice arašidového oleja
450 g vareného kuracieho mäsa, nastrúhaného
5 ml / 1 lyžička soli
2,5 ml / ½ čajovej lyžičky čerstvo mletého korenia
225 g zelenej fazuľky, nakrájanej na kúsky
1 palička zeleru, nakrájaná diagonálne
225 g šampiňónov nakrájaných na plátky
250 ml / 8 fl oz / 1 šálka kuracieho vývaru
30 ml / 2 polievkové lyžice kukuričnej múky (kukuričný škrob)
60 ml / 4 polievkové lyžice vody
10 ml / 2 čajové lyžičky sójovej omáčky

Zahrejte olej a opečte kurča, soľ a korenie, kým nie sú mierne hnedé. Pridajte fazuľu, zeler a huby a dobre premiešajte. Pridajte vývar, priveďte do varu, prikryte a duste 15 minút. Kukuričnú krupicu, vodu a sójovú omáčku vymiešame na pastu, vmiešame do panvice a za stáleho miešania dusíme, kým omáčka nezosvetlí a nezhustne.

Varené kura s ananásom

Pre 4 osoby

45 ml / 3 lyžice arašidového oleja
225 g vareného kuracieho mäsa, nakrájaného na kocky
soľ a čerstvo mleté korenie
2 stonky zeleru, šikmo nakrájané
3 plátky ananásu, nakrájané na kúsky
120 ml / 4 fl oz / ½ šálky kuracieho vývaru
15 ml / 1 polievková lyžica sójovej omáčky
10 ml / 2 polievkové lyžice kukuričnej múky (kukuričný škrob)
30 ml / 2 polievkové lyžice vody

Zahrejte olej a opečte kurča, kým jemne nezhnedne. Dochutíme soľou a korením, pridáme zeler a restujeme 2 minúty. Pridajte ananás, vývar a sójovú omáčku a miešajte niekoľko minút, kým sa nezohreje. Kukuričnú krupicu a vodu zmiešame na pastu, vmiešame do panvice a za stáleho miešania dusíme, kým omáčka nezosvetlí a nezhustne.

Kuracie mäso s paprikou a paradajkami

Pre 4 osoby

45 ml / 3 lyžice arašidového oleja
450 g / 1 lb varené kuracie mäso, nakrájané na plátky
10 ml / 2 čajové lyžičky soli
5 ml / 1 lyžička čerstvo mletého korenia
1 zelená paprika, nakrájaná na kúsky
4 veľké paradajky, olúpané a nakrájané na mesiačiky
250 ml / 8 fl oz / 1 šálka kuracieho vývaru
30 ml / 2 polievkové lyžice kukuričnej múky (kukuričný škrob)
15 ml / 1 polievková lyžica sójovej omáčky
120 ml / 4 fl oz / ½ šálky vody

Zohrejte olej a opečte kurča, soľ a korenie do zlatista. Pridajte papriku a paradajky. Zalejeme vývarom, privedieme do varu, prikryjeme a dusíme 15 minút. Kukuričnú krupicu, sójovú omáčku a vodu rozmixujeme na pastu, vmiešame do panvice a za stáleho miešania dusíme, kým omáčka nezosvetlí a nezhustne.

Sezamové kura

Pre 4 osoby

450 g / 1 lb vareného kuracieho mäsa, nakrájaného na prúžky
2 plátky zázvoru nakrájané nadrobno
1 jarná cibuľka (nakrájaná nadrobno).
soľ a čerstvo mleté korenie
60 ml / 4 lyžice ryžového vína alebo suchého sherry
60 ml / 4 polievkové lyžice sezamového oleja
10 ml / 2 lyžičky cukru
5 ml / 1 lyžička vínneho octu
150 ml / ¼ pt / veľkorysá ½ šálky sójovej omáčky

Kuracie mäso rozložte na servírovací tanier a posypte zázvorom, jarnou cibuľkou, soľou a korením. Zmiešajte víno alebo sherry, sezamový olej, cukor, vínny ocot a sójovú omáčku. Nalejte na kuracie mäso.

Vyprážané poussins

Pre 4 osoby

2 poussins, na polovicu
45 ml / 3 lyžice sójovej omáčky
45 ml / 3 lyžice ryžového vína alebo suchého sherry
120 ml / 4 fl oz / ½ šálky arašidového oleja
1 jarná cibuľka (nakrájaná nadrobno).
30 ml / 2 polievkové lyžice kuracieho vývaru
10 ml / 2 lyžičky cukru
5 ml / 1 lyžička chilli oleja
5 ml / 1 lyžička cesnakovej pasty
soľ a korenie

Vložte kurčatá do misy. Zmiešajte sójovú omáčku a víno alebo sherry, nalejte na poussins, prikryte a marinujte 2 hodiny, často podlievajte. Zahrejte olej a smažte kurčatá asi 20 minút, kým nie sú uvarené. Vyberte ich z panvice a zohrejte olej. Vráťte ich na panvicu a opečte do zlatista. Vypustite väčšinu oleja. Ostatné suroviny zmiešame, pridáme na panvicu a rýchlo zohrejeme. Poussins pred podávaním polejeme.

Türkiye s Mangetoutom

Pre 4 osoby

60 ml / 4 polievkové lyžice arašidového oleja

2 jarné cibuľky (nakrájaná cibuľka).

2 strúčiky cesnaku, rozdrvené

1 plátok koreňa zázvoru, nasekaný

225 g morčacích pŕs nakrájaných na prúžky

225 g snehového hrášku (hrach)

100 g / 4 oz bambusové výhonky, nakrájané na prúžky

50 g vodných gaštanov nakrájaných na prúžky

45 ml / 3 lyžice sójovej omáčky

15 ml / 1 polievková lyžica ryžového vína alebo suchého sherry

5 ml / 1 lyžička cukru

5 ml / 1 lyžička soli

15 ml / 1 polievková lyžica kukuričnej múky (kukuričný škrob)

Zahrejte 45 ml / 3 lyžice oleja a opečte jarnú cibuľku, cesnak a zázvor, kým jemne nezhnednú. Pridajte morku a za stáleho miešania smažte 5 minút. Vyberte z panvice a odložte. Zvyšný olej rozohrejeme a za stáleho miešania opekáme snehový hrášok, bambusové výhonky a vodné gaštany 3 minúty. Pridajte sójovú omáčku, víno alebo sherry, cukor a soľ a vráťte morku do panvice. Za stáleho miešania smažíme 1 minútu. Kukuričnú krupicu zmiešame s trochou vody, vmiešame do panvice a za stáleho miešania dusíme, kým omáčka nezosvetlí a nezhustne.

Morka s paprikou

Pre 4 osoby

4 sušené čínske huby

30 ml / 2 polievkové lyžice arašidového oleja

1 bok choy, nakrájaný na prúžky

350 g údenej morky, nakrájanej na prúžky

1 cibuľa, nakrájaná na plátky

1 červená paprika, nakrájaná na prúžky

1 zelená paprika, nakrájaná na prúžky

120 ml / 4 fl oz / ½ šálky kuracieho vývaru

30 ml / 2 polievkové lyžice paradajkového pretlaku (pasta)

45 ml / 3 lyžice vínneho octu

30 ml / 2 polievkové lyžice sójovej omáčky

15 ml / 1 polievková lyžica hoisin omáčky

10 ml / 2 čajové lyžičky kukuričnej múky (kukuričný škrob)

pár kvapiek chilli oleja

Namočte huby do teplej vody na 30 minút, potom sceďte. Odstráňte stonky a čiapky nakrájajte na pásiky. Zahrejte polovicu oleja a smažte kapustu asi 5 minút alebo kým nebude uvarená. Odstráňte z panvice. Pridajte morku a za stáleho miešania smažte 1 minútu. Pridajte zeleninu a za stáleho miešania smažte 3 minúty. Vývar zmiešame s paradajkovým pretlakom, vínnym octom a omáčkami a pridáme do panvice ku kapuste. Kukuričný škrob zmiešame s trochou vody, vmiešame do panvice a za stáleho miešania privedieme do varu. Pokvapkáme čili olejom a za stáleho miešania podusíme 2 minúty.

Čínske pečené Turecko

Pre 8-10 osôb

1 malá morka

600 ml / 1 bod / 2½ šálky horúcej vody

10 ml / 2 čajové lyžičky nového korenia

500 ml / 16 fl oz / 2 šálky sójovej omáčky

5 ml / 1 lyžička sezamového oleja

10 ml / 2 čajové lyžičky soli

45 ml / 3 lyžice masla

Vložte morku do panvice a zalejte ju horúcou vodou. Pridajte zvyšné ingrediencie okrem masla a nechajte 1 hodinu odpočívať a niekoľkokrát premiešajte. Vyberte morku z tekutiny a potrite maslom. Položte na plech na pečenie, prikryte alobalom a pečte v predhriatej rúre pri teplote 160 °C/325 °F/plyn číslo 3 asi 4 hodiny za občasného podlievania sójovou omáčkou. Odstráňte fóliu a nechajte kožu chrumkavú na posledných 30 minút varenia.

Morka s vlašskými orechmi a hubami

Pre 4 osoby

450 g filé z morčacích pŕs

soľ a korenie

šťava z 1 pomaranča

15 ml / 1 polievková lyžica hladkej múky (univerzálnej)

12 nakladaných čiernych vlašských orechov so šťavou

5 ml / 1 čajová lyžička kukuričnej múky (kukuričný škrob)

15 ml / 1 polievková lyžica arašidového oleja

2 jarné cibuľky (nakrájané na kocky).

225 g šampiňónových húb

45 ml / 3 lyžice ryžového vína alebo suchého sherry

10 ml / 2 čajové lyžičky sójovej omáčky

50 g / 2 oz / ½ šálky masla

25 g píniových orieškov

Morku nakrájajte na plátky hrubé 1 cm/½. Posypeme soľou, korením, pomarančovou šťavou a poprášime múkou. Scedíme a rozpolíme vlašské orechy, tekutinu si odložíme a tekutinu zmiešame s kukuričným škrobom. Zohrejte olej a na panvici opečte morku do zlatista. Pridajte jarnú cibuľku a šampiňóny a za stáleho miešania opekajte 2 minúty. Vmiešame víno alebo sherry a sójovú omáčku a dusíme 30 sekúnd. Do zmesi kukuričnej múčky pridajte orechy, potom ich vmiešajte do panvice a priveďte do varu. Pridajte maslo po malých lupienkoch, ale nenechajte zmes vrieť. Píniové oriešky opražíme na suchej panvici dozlatista. Morčacie zmesi premiestnite na teplý servírovací tanier a podávajte ozdobené píniovými orieškami.

Kačica s bambusovými výhonkami

Pre 4 osoby

6 sušených čínskych húb
1 kačica
50 g údenej šunky nakrájanej na prúžky
100 g / 4 oz bambusové výhonky, nakrájané na prúžky
2 jarné cibuľky (šalotky), nakrájané na pásiky
2 plátky koreňa zázvoru, nakrájané na prúžky
5 ml / 1 lyžička soli

Namočte huby do teplej vody na 30 minút, potom sceďte. Odstráňte stonky a čiapky nakrájajte na pásiky. Vložte všetky ingrediencie do žiaruvzdornej misky a vložte do panvice naplnenej vodou, kým nedosiahne dve tretiny výšky misky. Privedieme do varu, prikryjeme a dusíme asi 2 hodiny, kým sa kačica neuvarí, v prípade potreby dolievame vriacou vodou.

Kačica s fazuľovými klíčkami

Pre 4 osoby

225 g fazuľových klíčkov
45 ml / 3 lyžice arašidového oleja
450 g / 1 lb varené kačacie mäso
15 ml / 1 polievková lyžica ustricovej omáčky
15 ml / 1 polievková lyžica ryžového vína alebo suchého sherry
30 ml / 2 polievkové lyžice vody
2,5 ml / ½ čajovej lyžičky soli

Fazuľové klíčky blanšírujte vo vriacej vode 2 minúty, potom sceďte. Zahrejte olej, za stáleho miešania opekajte fazuľové klíčky 30 sekúnd. Pridajte kačicu, za stáleho miešania smažte, kým sa nezohreje. Pridajte zvyšné ingrediencie a za stáleho miešania smažte 2 minúty, aby sa chute prepojili. Ihneď podávajte.

Dusená kačica

Pre 4 osoby

4 nasekané jarné cibuľky (nakrájaná cibuľka).
1 plátok koreňa zázvoru, nasekaný
120 ml / 4 fl oz / ½ šálky sójovej omáčky
30 ml / 2 polievkové lyžice ryžového vína alebo suchého sherry
1 kačica
120 ml / 4 fl oz / ½ šálky arašidového oleja
600 ml / 1 bod / 2½ šálky vody
15 ml / 1 polievková lyžica hnedého cukru

Zmiešajte jarnú cibuľku, zázvor, sójovú omáčku a víno alebo sherry a potrite kačicu zvonku aj zvnútra. Rozohrejeme olej a opečieme kačicu zo všetkých strán do ružova. Vypustite olej. Pridajte vodu a zvyšnú zmes sójovej omáčky, priveďte do varu, prikryte a varte 1 hodinu. Pridáme cukor, prikryjeme a dusíme ďalších 40 minút, kým kačica nezmäkne.

Dusená kačica so zelerom

Pre 4 osoby

350 g varenej kačice, nakrájanej na plátky
1 hlava zeleru
250 ml / 8 fl oz / 1 šálka kuracieho vývaru
2,5 ml / ½ čajovej lyžičky soli
5 ml / 1 lyžička sezamového oleja
1 paradajka, nakrájaná na mesiačiky

Kačicu položte na parný stojan. Zeler nakrájame na 7,5 cm dĺžky a dáme na panvicu. Zalejeme vývarom, dochutíme soľou a na panvicu položíme parný hrniec. Vývar privedieme do varu a varíme asi 15 minút, kým zeler nezmäkne a kačica sa neprehreje. Kačicu a zeler poukladajte na teplý servírovací tanier, pokvapkajte zeler sezamovým olejom a podávajte ozdobené kolieskami paradajok.

Kačica so zázvorom

Pre 4 osoby

*350 g kačacích pŕs, nakrájaných na tenké plátky
1 vajce, zľahka rozšľahané
5 ml / 1 lyžička sójovej omáčky
5 ml / 1 čajová lyžička kukuričnej múky (kukuričný škrob)
5 ml / 1 čajová lyžička arašidového oleja
vyprážať olej
50 g / 2 oz bambusové výhonky
50 g snehového hrášku (mangetout)
2 plátky koreňa zázvoru, nasekané
15 ml / 1 polievková lyžica vody
2,5 ml / ½ lyžičky cukru
2,5 ml / ½ čajovej lyžičky ryžového vína alebo suchého sherry
2,5 ml / ½ čajovej lyžičky sezamového oleja*

Kačicu zmiešame s vajcom, sójovou omáčkou, kukuričným škrobom a olejom a necháme 10 minút odpočívať. Zahrejte olej a opečte kačicu a bambusové výhonky, kým nie sú uvarené a zlaté. Vyberte z panvice a dobre sceďte. Z panvice vylejte všetko okrem 15 ml/1 PL oleja a za stáleho miešania opečte kačku, bambusové výhonky, snehový hrášok, zázvor, vodu, cukor a víno alebo sherry 2 minúty. Podávame pokvapkané sezamovým olejom.

Kačica so zelenými fazuľkami

Pre 4 osoby

1 kačica

60 ml / 4 polievkové lyžice arašidového oleja

2 strúčiky cesnaku, rozdrvené

2,5 ml / ½ čajovej lyžičky soli

1 cibuľa, nakrájaná

15 ml / 1 polievková lyžica strúhaného koreňa zázvoru

45 ml / 3 lyžice sójovej omáčky

120 ml / 4 fl oz / ½ šálky ryžového vína alebo suchého sherry

60 ml / 4 lyžice paradajkového kečupu (catsup)

45 ml / 3 lyžice vínneho octu

300 ml / ½ bodu / 1¼ šálky kuracieho vývaru

450 g zelenej fazuľky, nakrájanej na plátky

štipka čerstvo mletého korenia

5 kvapiek chilli oleja

15 ml / 1 polievková lyžica kukuričnej múky (kukuričný škrob)

30 ml / 2 polievkové lyžice vody

Kačicu nakrájajte na 8 alebo 10 kusov. Rozpálime olej a opečieme kačicu do zlatista. Preložíme do misky. Pridajte cesnak, soľ, cibuľu, zázvor, sójovú omáčku, víno alebo sherry, kečup a vínny ocot. Premiešame, prikryjeme a necháme 3 hodiny marinovať v chladničke.

Rozpálime olej, pridáme kačicu, vývar a marinádu, privedieme do varu, prikryjeme a dusíme 1 hodinu. Pridáme fazuľu, prikryjeme a dusíme 15 minút. Pridajte korenie a čili olej. Kukuričnú krupicu zmiešame s vodou, vmiešame do panvice a za stáleho miešania dusíme, kým omáčka nezhustne.

Vyprážaná dusená kačica

Pre 4 osoby

1 kačica

soľ a čerstvo mleté korenie

vyprážať olej

hoisin omáčka

Kačicu osoľte, okoreňte a vložte do žiaruvzdornej misy. Vložte do panvice naplnenej vodou, kým nevystúpi do dvoch tretín výšky misky, priveďte do varu, prikryte a duste asi 1½ hodiny, kým kačica nezmäkne. Scedíme a necháme vychladnúť.

Rozpálime olej a opečieme kačicu do chrumkava a dozlatista. Vyberte a dobre sceďte. Nakrájajte na kúsky a podávajte s omáčkou hoisin.

Kačica s exotickým ovocím

Pre 4 osoby

4 filety kačacích pŕs, nakrájané na pásiky
2,5 ml / ½ čajovej lyžičky prášku z piatich korení
30 ml / 2 polievkové lyžice sójovej omáčky
15 ml / 1 polievková lyžica sezamového oleja
15 ml / 1 polievková lyžica arašidového oleja
3 stonky zeleru, nakrájané na kocky
2 plátky ananásu, nakrájané na kocky
100 g melónu, nakrájaného na kocky
100 g liči, nakrájame na polovicu
130 ml / 4 fl oz / ½ šálky kuracieho vývaru
30 ml / 2 polievkové lyžice paradajkového pretlaku (pasta)
30 ml / 2 polievkové lyžice hoisin omáčky
10 ml / 2 lyžičky vínneho octu
štipka hnedého cukru

Vložte kačicu do misky. Zmiešajte prášok z piatich korení, sójovú omáčku a sezamový olej, nalejte na kačicu a za občasného miešania nechajte 2 hodiny marinovať. Rozpálime olej a kačicu opekáme 8 minút. Odstráňte z panvice. Pridajte zeler a ovocie a za stáleho miešania smažte 5 minút. Vráťte kačicu do panvice s ostatnými prísadami, priveďte do varu a pred podávaním za stáleho miešania varte 2 minúty.

Dusená kačica s čínskymi listami

Pre 4 osoby

1 kačica

30 ml / 2 polievkové lyžice ryžového vína alebo suchého sherry

30 ml / 2 polievkové lyžice hoisin omáčky

15 ml / 1 polievková lyžica kukuričnej múky (kukuričný škrob)

5 ml / 1 lyžička soli

5 ml / 1 lyžička cukru

60 ml / 4 polievkové lyžice arašidového oleja

4 nasekané jarné cibuľky (nakrájaná cibuľka).

2 strúčiky cesnaku, rozdrvené

1 plátok koreňa zázvoru, nasekaný

75 ml / 5 lyžíc sójovej omáčky

600 ml / 1 bod / 2½ šálky vody

225 g čínskych listov, nasekaných

Kačicu nakrájame asi na 6 kúskov. Zmiešajte víno alebo sherry, omáčku hoisin, kukuričnú múku, soľ a cukor a potrite kačicu. Nechajte 1 hodinu odpočívať. Rozpálime olej a pár sekúnd na ňom orestujeme jarnú cibuľku, cesnak a zázvor. Pridáme kačicu a opekáme, kým zo všetkých strán jemne nezhnedne. Vypustite prebytočný tuk. Zalejeme sójovou omáčkou a vodou, privedieme do varu, prikryjeme a varíme asi 30 minút. Pridáme čínske listy, opäť prikryjeme a dusíme ďalších 30 minút, kým kačica nezmäkne.

Opitá kačica

Pre 4 osoby

2 jarné cibuľky (nakrájaná cibuľka).

2 strúčiky cesnaku, mleté

1,5 l / 2½ bodu / 6 šálok vody

1 kačica

450 ml / ¾ pt / 2 šálky ryžového vína alebo suchého sherry

Jarnú cibuľku, cesnak a vodu vložte do veľkej panvice a priveďte do varu. Pridáme kačicu, privedieme späť do varu, prikryjeme a dusíme 45 minút. Dobre sceďte, tekutinu si nechajte na vývar. Kačicu necháme vychladnúť a dáme na noc do chladničky. Kačicu nakrájajte na kúsky a vložte do veľkej skrutkovacej nádoby. Zalejeme vínom alebo sherry a necháme asi 1 týždeň vychladnúť, potom scedíme a podávame studené.

Kačica z piatich korení

Pre 4 osoby

150 ml / ¼ pt / ½ štedrej šálky ryžového vína alebo suchého sherry

150 ml / ¼ pt / veľkorysá ½ šálky sójovej omáčky

1 kačica

10 ml / 2 čajové lyžičky prášku z piatich korení

Víno alebo sherry a sójovú omáčku priveďte do varu. Pridáme kačicu a dusíme za otáčania asi 5 minút. Kačicu vyberte z panvice a prášok z piatich korení votrite do kože. Vráťte vtáka do panvice a pridajte toľko vody, aby ste kačku zakryli do polovice. Priveďte do varu, prikryte a varte asi 1 1/2 hodiny, kým kačica nezmäkne, za častého otáčania a podlievania. Kačicu nakrájajte na 5 cm/2 cm kúsky a podávajte teplú alebo studenú.

Restovaná kačica so zázvorom

Pre 4 osoby

1 kačica

2 plátky koreňa zázvoru, nasekané

2 jarné cibuľky (nakrájaná cibuľka).

15 ml / 1 polievková lyžica kukuričnej múky (kukuričný škrob)

30 ml / 2 polievkové lyžice sójovej omáčky

30 ml / 2 polievkové lyžice ryžového vína alebo suchého sherry

2,5 ml / ½ čajovej lyžičky soli

45 ml / 3 lyžice arašidového oleja

Mäso zbavíme kostí a nakrájame na kúsky. Mäso zmiešame so všetkými zvyšnými surovinami okrem oleja. Nechajte 1 hodinu odpočívať. Rozpálime olej a kačicu opekáme v marináde asi 15 minút, kým kačica nezmäkne.

Kačica so šunkou a pórom

Pre 4 osoby

1 kačica

450 g / 1 lb údenej šunky

2 póry

2 plátky koreňa zázvoru, nasekané

45 ml / 3 lyžice ryžového vína alebo suchého sherry

45 ml / 3 lyžice sójovej omáčky

2,5 ml / ½ čajovej lyžičky soli

Kačku vložíme do panvice a zalejeme studenou vodou. Priveďte do varu, prikryte a duste asi 20 minút. Scedíme a necháme bokom 450 ml/¾ pt/2 šálky vývaru. Kačicu necháme mierne vychladnúť, potom mäso odrežeme od kostí a nakrájame na štvorce 5 cm/2 cm, šunku nakrájame na podobné kúsky. Nakrájajte dlhé kúsky póru a zrolujte plátok kačice a šunky vo vnútri listu a zviažte ho šnúrkou. Vložte do žiaruvzdornej misky. Do odloženého vývaru pridáme zázvor, víno alebo sherry, sójovú omáčku a soľ a zalejeme kačacie rolky. Vložte misku do panvice naplnenej vodou tak, aby siahala do dvoch tretín po stranách misky. Priveďte do varu,

Pečená kačica s medom

Pre 4 osoby

1 kačica

soľ

3 strúčiky cesnaku, rozdrvené

3 jarné cibuľky (nakrájaná cibuľka).

45 ml / 3 lyžice sójovej omáčky

45 ml / 3 lyžice ryžového vína alebo suchého sherry

45 ml / 3 lyžice medu

200 ml / 7 fl oz / málo 1 šálka vriacej vody

Kačicu osušíme a potrieme soľou zvnútra aj zvonka. Vmiešajte cesnak, jarnú cibuľku, sójovú omáčku a víno alebo sherry, potom zmes rozdeľte na polovicu. Med rozmiešame na polovicu a potrieme ním kačicu, potom necháme zaschnúť. Do zvyšnej medovej zmesi pridajte vodu. Nalejte zmes sójovej omáčky do dutiny kačice a položte ju na rošt v pekáči s trochou vody na dne. Pečte v predhriatej rúre pri teplote 180 °C/350 °F/plyn číslo 4 asi 2 hodiny, kým kačica nezmäkne, a polejte ju zvyšnou medovou zmesou.

Mokrá pečená kačica

Pre 4 osoby

6 nasekaných jarných cibuľiek (cibuliek).

2 plátky koreňa zázvoru, nasekané

1 kačica

2,5 ml / ½ čajovej lyžičky mletého anízu

15 ml / 1 polievková lyžica cukru

45 ml / 3 lyžice ryžového vína alebo suchého sherry

60 ml / 4 polievkové lyžice sójovej omáčky

250 ml / 8 fl oz / 1 šálka vody

Vložte polovicu jarnej cibuľky a zázvoru do veľkej a ťažkej panvice. Zvyšok umiestnite do dutiny kačice a pridajte ju do panvice. Pridáme všetky ostatné suroviny okrem hoisin omáčky, privedieme do varu, prikryjeme a za občasného miešania varíme asi 1 1/2 hodiny. Vyberte kačicu z panvice a nechajte ju sušiť asi 4 hodiny.

Kačicu položte na mriežku do pekáča naplneného trochou studenej vody. Pečieme v predhriatej rúre na 230C/450F/plyn 8 po dobu 15 minút, potom obrátime a pečieme ďalších 10 minút do chrumkava. Medzitým zohrejte odloženú tekutinu a polejte ňou kačicu, aby ste ju mohli podávať.

Vyprážaná kačica s hubami

Pre 4 osoby

1 kačica

75 ml / 5 polievkových lyžíc arašidového oleja

45 ml / 3 lyžice ryžového vína alebo suchého sherry

15 ml / 1 polievková lyžica sójovej omáčky

15 ml / 1 polievková lyžica cukru

5 ml / 1 lyžička soli

štipka korenia

2 strúčiky cesnaku, rozdrvené

225 g húb nakrájaných na polovicu

600 ml / 1 bod / 2½ šálky kuracieho vývaru

15 ml / 1 polievková lyžica kukuričnej múky (kukuričný škrob)

30 ml / 2 polievkové lyžice vody

5 ml / 1 lyžička sezamového oleja

Kačicu nakrájame na 5 cm/2 cm kúsky. Zahrejte 45 ml/3 polievkové lyžice oleja a opečte kačicu zo všetkých strán do zhnednutia. Pridajte víno alebo sherry, sójovú omáčku, cukor, soľ a korenie a za stáleho miešania smažte 4 minúty. Odstráňte z panvice. Zohrejte zvyšný olej a opečte cesnak, kým jemne nezhnedne. Pridajte huby a miešajte, kým sa obalia v oleji, potom vráťte kačaciu zmes do panvice a pridajte vývar. Privedieme do varu, prikryjeme a dusíme asi 1 hodinu, kým kačica nezmäkne. Zmiešajte maizenu a vodu, kým sa nevytvorí pasta, potom ju vmiešajte do zmesi a za stáleho miešania varte, kým omáčka nezhustne.

Kačica s dvoma hubami

Pre 4 osoby

6 sušených čínskych húb
1 kačica
750 ml / 1¼ bodu / 3 šálky kuracieho vývaru
45 ml / 3 lyžice ryžového vína alebo suchého sherry
5 ml / 1 lyžička soli
100 g / 4 oz bambusové výhonky, nakrájané na prúžky
100 g šampiňónových húb

Namočte huby do teplej vody na 30 minút, potom sceďte. Odstráňte stonky a rozpolte klobúčiky. Vložte kačicu do veľkej žiaruvzdornej misky s vývarom, vínom alebo sherry a soľou a vložte ju do panvice naplnenej vodou tak, aby siahala do dvoch tretín po stranách misky. Privedieme do varu, prikryjeme a dusíme asi 2 hodiny, kým kačica nezmäkne. Vyberte z panvice a nakrájajte mäso od kosti. Preneste tekutinu na varenie do samostatnej panvice. Na dno zapekacej misy poukladáme bambusové výhonky a oba druhy húb, vložíme kačacie mäso, prikryjeme a dusíme ďalších 30 minút. Tekutinu priveďte do varu a nalejte na kačicu, aby ste ju mohli podávať.

Dusená kačica s cibuľou

Pre 4 osoby

4 sušené čínske huby
1 kačica
90 ml / 6 lyžíc sójovej omáčky
60 ml / 4 polievkové lyžice arašidového oleja
1 jarná cibuľka (nasekaná cibuľka).
1 plátok koreňa zázvoru, nasekaný
45 ml / 3 lyžice ryžového vína alebo suchého sherry
450 g cibule, nakrájanej na plátky
100 g / 4 oz bambusové výhonky, nakrájané na plátky
15 ml / 1 polievková lyžica hnedého cukru
15 ml / 1 polievková lyžica kukuričnej múky (kukuričný škrob)
45 ml / 3 polievkové lyžice vody

Namočte huby do teplej vody na 30 minút, potom sceďte. Odstráňte stonky a nakrájajte čiapky. Do kačice votrite 15 ml/1 polievkovú lyžicu sójovej omáčky. Nechajte si 15 ml/1 polievkovú lyžicu oleja, zohrejte zvyšný olej a opečte jarnú cibuľku a zázvor, kým jemne nezhnednú. Pridáme kačicu a opekáme, kým zo všetkých strán jemne nezhnedne. Odstráňte prebytočný tuk. Pridajte víno alebo sherry, zvyšnú sójovú omáčku na panvici a toľko vody, aby ste kačicu takmer zakryli. Priveďte do varu, prikryte a za občasného miešania varte 1 hodinu.

Zahrejte konzervovaný olej a opečte cibuľu, kým nezmäkne. Odstavíme z ohňa a vmiešame bambusové výhonky a huby, potom pridáme ku kačke, prikryjeme a dusíme ďalších 30 minút, kým kačica nezmäkne. Kačku vyberte z panvice, nakrájajte na porcie a poukladajte na teplý servírovací tanier. Tekutiny v panvici priveďte do varu, pridajte cukor a maizenu a za stáleho miešania varte, kým zmes nezovrie a nezhustne. Nalejte kačicu na servírovanie.

Kačica v pomarančovej omáčke

Pre 4 osoby

1 kačica
3 jarné cibuľky (pokrájané na kúsky).
2 plátky koreňa zázvoru, nakrájané na prúžky
1 plátok pomarančovej kôry
soľ a čerstvo mleté korenie

Kačicu dáme do veľkej panvice, zalejeme vodou a privedieme do varu. Pridáme jarnú cibuľku, zázvor a pomarančovú kôru, prikryjeme a dusíme asi 1½ hodiny, kým kačica nezmäkne. Dochutíme soľou a korením, scedíme a podávame.

Pečená kačica s pomarančom

Pre 4 osoby

1 kačica

2 strúčiky cesnaku, nakrájané na polovicu

45 ml / 3 lyžice arašidového oleja

1 cibuľa

1 pomaranč

120 ml / 4 fl oz / ½ šálky ryžového vína alebo suchého sherry

2 plátky koreňa zázvoru, nasekané

5 ml / 1 lyžička soli

Kačicu zvnútra aj zvonku potrieme cesnakom a potom potrieme olejom. Ošúpanú cibuľu prepichneme vidličkou, vložíme ju spolu s neošúpaným pomarančom do dutiny kačice a utesníme špajdľou. Kačicu položte na rošt nad plechom na pečenie naplneným trochou horúcej vody a pečte v predhriatej rúre pri teplote 160 °C/325 °F/plyn číslo 3 asi 2 hodiny. Vylejte tekutiny a vráťte kačicu do pekáča. Zalejeme vínom alebo sherry a posypeme zázvorom a soľou. Vložte späť do rúry na ďalších 30 minút. Odstráňte cibuľu a pomaranč a nakrájajte kačicu na kúsky, aby ste ju mohli podávať. Na servírovanie polejte kačicu šťavou z panvice.

Kačica s hruškami a gaštanmi

Pre 4 osoby
225 g lúpaných gaštanov
1 kačica
45 ml / 3 lyžice arašidového oleja
250 ml / 8 fl oz / 1 šálka kuracieho vývaru
45 ml / 3 lyžice sójovej omáčky
15 ml / 1 polievková lyžica ryžového vína alebo suchého sherry
5 ml / 1 lyžička soli
1 plátok koreňa zázvoru, nasekaný
1 veľká hruška, olúpaná a nakrájaná na hrubé plátky
15 ml / 1 polievková lyžica cukru

Gaštany varte 15 minút a potom ich sceďte. Kačicu nakrájame na 5 cm/2 cm kúsky. Rozohrejeme olej a opečieme kačicu zo všetkých strán do ružova. Vypustite prebytočný olej, potom pridajte vývar, sójovú omáčku, víno alebo sherry, soľ a zázvor. Priveďte do varu, prikryte a za občasného miešania varte 25 minút. Pridáme gaštany, prikryjeme a dusíme ďalších 15 minút. Hrušku posypeme cukrom, pridáme do panvice a dusíme asi 5 minút, kým sa nezohreje.

Pekingská kačica

Pre 6 osôb

1 kačica

250 ml / 8 fl oz / 1 šálka vody

120 ml / 4 fl oz / ½ šálky medu

120 ml / 4 fl oz / ½ šálky sezamového oleja

Na palacinky:

250 ml / 8 fl oz / 1 šálka vody

225 g / 8 uncí / 2 šálky hladkej múky (univerzálne)

arašidový olej (arašidy) na vyprážanie

Na potápanie:

120 ml / 4 fl oz / ½ šálky hoisin omáčky

30 ml / 2 polievkové lyžice hnedého cukru

30 ml / 2 polievkové lyžice sójovej omáčky

5 ml / 1 lyžička sezamového oleja

6 jarných cibuliek (párky), nakrájaných pozdĺžne

1 uhorka, nakrájaná na prúžky

Kačica by mala byť celá s neporušenou kožou. Krk pevne zviažte šnúrkou a spodný otvor zašite alebo prevlečte. Vyrežte si malú štrbinu na boku krku, vložte slamku a fúkajte vzduch pod kožu, kým sa nenafúkne. Zaveste kačicu nad umývadlo a nechajte ju visieť 1 hodinu.

Priveďte do varu panvicu s vodou, vložte kačicu a varte 1 minútu, potom vyberte a dobre osušte. Vodu priveďte do varu a vmiešajte med. Zmes vtierajte do kože kačice, kým nie je nasýtená. Zaveste kačicu nad umývadlo na chladnom a vzdušnom mieste asi 8 hodín, kým koža nebude tvrdá.

Kačicu zaveste alebo položte na mriežku na plech na pečenie a pečte v predhriatej rúre pri teplote 180 °C/350 °F/plyn číslo 4 asi 1,5 hodiny, pravidelne polievajte sezamovým olejom.

Na palacinky prevarte vodu a potom postupne pridajte múku. Zľahka premiešajte, kým nezískate mäkké cesto, prikryte vlhkou utierkou a nechajte 15 minút odpočívať. Vyvaľkáme ho na pomúčenej doske a vytvarujeme dlhý valec. Nakrájajte na plátky s hrúbkou 2,5 cm/1 palca, potom ich vyrovnajte na hrúbku asi 5 mm/¼ palca a vrchné časti potrite olejom. Uložte do párov s naolejovanými povrchmi, ktoré sa dotýkajú, a vonkajšie časti zľahka poprášte múkou. Dvojice vyvaľkáme na priemer asi 10 cm a opekáme vo dvojiciach z každej strany asi 1 minútu, kým jemne nezhnednú. Oddeľte a stohujte, kým nebudete pripravené na podávanie.

Omáčky pripravíme zmiešaním polovice hoisin omáčky s cukrom a zvyšnej omáčky hoisin zmiešaním so sójovou omáčkou a sezamovým olejom.

Kačku vyberieme z rúry, kožu nakrájame a nakrájame na štvorce a mäso nakrájame na kocky. Poukladajte na samostatné taniere a podávajte s palacinkami, omáčkami a prílohami.

Dusená kačica s ananásom

Pre 4 osoby

1 kačica
400 g konzervovaných kúskov ananásu v sirupe
45 ml / 3 lyžice sójovej omáčky
5 ml / 1 lyžička soli
štipka čerstvo mletého korenia

Vložte kačicu do hrubej panvice, zakryte vodou, priveďte do varu, prikryte a duste 1 hodinu. Ananásový sirup sceďte do panvice so sójovou omáčkou, soľou a korením, prikryte a duste ďalších 30 minút. Pridáme kúsky ananásu a dusíme ďalších 15 minút, kým kačica nezmäkne.

Restovaná kačica s ananásom

Pre 4 osoby

1 kačica

45 ml / 3 lyžice kukuričnej múky (kukuričný škrob)

45 ml / 3 lyžice sójovej omáčky

225 g konzervovaného ananásu v sirupe

45 ml / 3 lyžice arašidového oleja

2 plátky koreňa zázvoru, nakrájané na prúžky

15 ml / 1 polievková lyžica ryžového vína alebo suchého sherry

5 ml / 1 lyžička soli

Mäso odrežeme od kosti a nakrájame na kúsky. Zmiešajte sójovú omáčku s 30 ml/2 polievkovými lyžicami kukuričnej múky a vhoďte ju do kačice, kým nebude dobre obalená. Za občasného miešania nechajte 1 hodinu odpočívať. Roztlačte ananás a sirup a jemne zohrejte na panvici. Zvyšnú kukuričnú krupicu zmiešame s trochou vody, vmiešame do panvice a za stáleho miešania dusíme, kým omáčka nezhustne. Udržovať v teple. Zahrejte olej a opečte zázvor, kým jemne nezhnedne, potom zázvor vyberte. Pridáme kačicu a opekáme, kým zo všetkých strán jemne nezhnedne. Pridajte víno alebo sherry a soľ a za stáleho miešania smažte niekoľko minút, kým sa kačica neuvarí.

Ananás a zázvorová kačica

Pre 4 osoby

1 kačica

100 g konzervovaného zázvoru v sirupe

200 g / 7 oz konzervovaných kúskov ananásu v sirupe

5 ml / 1 lyžička soli

15 ml / 1 polievková lyžica kukuričnej múky (kukuričný škrob)

30 ml / 2 polievkové lyžice vody

Vložte kačicu do žiaruvzdornej misky a vložte ju do panvice naplnenej vodou tak, aby siahala do dvoch tretín po stranách misky. Privedieme do varu, prikryjeme a dusíme asi 2 hodiny, kým kačica nezmäkne. Kačku vyberieme a necháme mierne vychladnúť. Odstráňte kožu a kosť a nakrájajte kačicu na kúsky. Poukladajte ich na servírovací tanier a udržiavajte v teple.

Zázvorový a ananásový sirup sceďte do panvice, pridajte soľ, kukuričný škrob a vodu. Za stáleho miešania priveďte do varu a za stáleho miešania pár minút varte, kým omáčka nezosvetlí a nezhustne. Pridajte zázvor a ananás, premiešajte a nalejte na kačicu, aby ste mohli podávať.

Kačica s ananásom a liči

Pre 4 osoby

4 kačacie prsia
15 ml / 1 polievková lyžica sójovej omáčky
1 klinček badiánu
1 plátok koreňa zázvoru
arašidový olej (arašidy) na vyprážanie
90 ml / 6 polievkových lyžíc vínneho octu
100 g / 4 oz / ½ šálky hnedého cukru
250 ml / 8 fl oz / ½ šálky kuracieho vývaru
15 ml / 1 polievková lyžica kečupu (kečup)
200 g / 7 oz konzervovaných kúskov ananásu v sirupe
15 ml / 1 polievková lyžica kukuričnej múky (kukuričný škrob)
6 liči z konzervy
6 maraschino čerešní

Kačice, sójovú omáčku, aníz a zázvor dáme do hrnca a zalejeme studenou vodou. Privedieme do varu, odstredíme, potom prikryjeme a dusíme asi 45 minút, kým sa kačica neuvarí. Scedíme a vysušíme. Vyprážame na rozpálenom oleji do chrumkava.

Medzitým si na panvici zmiešame vínny ocot, cukor, vývar, kečup a 30 ml/2 polievkové lyžice ananásového sirupu, privedieme do varu a varíme asi 5 minút do zhustnutia. Primiešame ovocie a prehrejeme, až potom nalejeme na kačicu, aby sme ju mohli podávať.

Kačica s bravčovým mäsom a gaštanmi

Pre 4 osoby

6 sušených čínskych húb
1 kačica
225 g lúpaných gaštanov
225 g chudého bravčového mäsa, nakrájaného na kocky
3 jarné cibuľky (nakrájaná cibuľka).
1 plátok koreňa zázvoru, nasekaný
250 ml / 8 fl oz / 1 šálka sójovej omáčky
900 ml / 1½ bodu / 3¾ šálky vody

Namočte huby do teplej vody na 30 minút, potom sceďte. Odstráňte stonky a nakrájajte čiapky. Vložte do veľkej panvice so všetkými zvyšnými ingredienciami, priveďte do varu, prikryte a duste asi 1½ hodiny, kým sa kačica neuvarí.

Kačica so zemiakmi

Pre 4 osoby

75 ml / 5 polievkových lyžíc arašidového oleja

1 kačica

3 strúčiky cesnaku, rozdrvené

30 ml / 2 polievkové lyžice omáčky z čiernej fazule

10 ml / 2 čajové lyžičky soli

1,2 l / 2 pt / 5 šálok vody

2 póry, nakrájané na hrubé plátky

15 ml / 1 polievková lyžica cukru

45 ml / 3 lyžice sójovej omáčky

60 ml / 4 lyžice ryžového vína alebo suchého sherry

1 klinček badiánu

900 g / 2 lb zemiakov, nakrájaných na hrubé plátky

½ hlavy čínskych listov

15 ml / 1 polievková lyžica kukuričnej múky (kukuričný škrob)

30 ml / 2 polievkové lyžice vody

vetvičky plochého petržlenu

Zahrejte 60 ml / 4 lyžice oleja a opečte kačicu zo všetkých strán dozlatista. Zviažte alebo zošite koniec krku a vložte kačicu krkom nadol do hlbokej misky. Zohrejte zvyšný olej a opečte cesnak, kým jemne nezhnedne. Pridajte omáčku z čiernej fazule a soľ a za stáleho miešania smažte 1 minútu. Pridajte vodu, pór, cukor, sójovú omáčku, víno alebo sherry a badián a priveďte do varu. Nalejte 120 ml / 8 fl oz / 1 šálku zmesi do dutiny kačice a zaviažte alebo zošite, aby ste ju zaistili. Zvyšnú zmes v panvici priveďte do varu. Pridáme kačku a zemiaky, prikryjeme a dusíme 40 minút, pričom kačicu raz otočíme. Poukladajte čínske listy na servírovací tanier. Kačicu vyberte z panvice, nakrájajte ju na 5 cm / 2 kusy a poukladajte na servírovací tanier so zemiakmi. Kukuričnú krupicu zmiešame s vodou na pastu, vmiešame do panvice a za stáleho miešania dusíme, kým omáčka nezhustne.

Varená červená kačica

Pre 4 osoby

1 kačica
4 jarné cibuľky (šalotky), nakrájané na kúsky
2 plátky koreňa zázvoru, nakrájané na prúžky
90 ml / 6 lyžíc sójovej omáčky
45 ml / 3 lyžice ryžového vína alebo suchého sherry
10 ml / 2 čajové lyžičky soli
10 ml / 2 lyžičky cukru

Kačicu vložíme do ťažkej panvice, podlejeme vodou a privedieme do varu. Pridáme jarnú cibuľku, zázvor, víno alebo sherry a soľ, prikryjeme a dusíme asi 1 hodinu. Pridáme cukor a dusíme ďalších 45 minút, kým kačica nezmäkne. Nakrájajte kačicu na servírovací tanier a podávajte teplú alebo studenú, s omáčkou alebo bez nej.

Pečená kačica na ryžovom víne

Pre 4 osoby

1 kačica

500 ml / 14 fl oz / 1¾ šálky ryžového vína alebo suchého sherry

5 ml / 1 lyžička soli

45 ml / 3 lyžice sójovej omáčky

Kačicu vložte do ťažkej panvice so sherry a soľou, priveďte do varu, prikryte a duste 20 minút. Kačku scedíme, tekutinu si odložíme a potrieme sójovou omáčkou. Položte na mriežku na plech na pečenie naplnený trochou horúcej vody a pečte v predhriatej rúre pri teplote 180 °C/350 °F/plyn číslo 4 asi 1 hodinu, pričom pravidelne podlievajte odloženou tekutinou z vína.

Dusená kačica s ryžovým vínom

Pre 4 osoby

1 kačica

4 jarné cibuľky (párky), nakrájané na polovice

1 plátok koreňa zázvoru, nasekaný

250 ml / 8 fl oz / 1 šálka ryžového vína alebo suchého sherry

30 ml / 2 polievkové lyžice sójovej omáčky

štipka soli

Kačicu blanšírujeme vo vriacej vode 5 minút a potom scedíme. Vložte do žiaruvzdornej misy so zvyšnými ingredienciami. Vložte misku do panvice naplnenej vodou tak, aby siahala do dvoch tretín po stranách misky. Privedieme do varu, prikryjeme a dusíme asi 2 hodiny, kým kačica nezmäkne. Pred podávaním odstráňte jarnú cibuľku a zázvor.

Pomaly varená kačica

Pre 4 osoby

1 kačica

50 g / 2 oz / ½ šálky kukuričnej múky (kukuričný škrob)

vyprážať olej

2 strúčiky cesnaku, rozdrvené

30 ml / 2 polievkové lyžice ryžového vína alebo suchého sherry

30 ml / 2 polievkové lyžice sójovej omáčky

5 ml / 1 lyžička strúhaného koreňa zázvoru

750 ml / 1 ¼ bodu / 3 šálky kuracieho vývaru

4 sušené čínske huby

225 g / 8 oz bambusové výhonky, nakrájané na plátky

225 g vodných gaštanov, nakrájaných na plátky

10 ml / 2 lyžičky cukru

štipka korenia

5 jarnej cibuľky (plátky cibule).

Kačicu nakrájame na porciované kúsky. Odložte si 30 ml/2 polievkové lyžice kukuričnej múky a kačku obalte zvyšnou kukuričnou múkou. Prebytok oprášte. Zahrejte olej a opečte cesnak a kačicu, kým jemne nezhnednú. Vyberte z panvice a sceďte na savý papier. Vložte kačicu do veľkej panvice. Vmiešajte víno alebo sherry, 15 ml/1 polievkovú lyžicu sójovej omáčky a zázvor. Pridajte do panvice a varte na vysokej teplote 2 minúty. Pridáme polovicu vývaru, privedieme do varu, prikryjeme a dusíme asi 1 hodinu, kým kačica nezmäkne.

Medzitým huby namočíme na 30 minút do teplej vody a potom ich scedíme. Odstráňte stonky a nakrájajte čiapky. Ku kačke pridajte huby, bambusové výhonky a vodné gaštany a za častého miešania varte 5 minút. Odstráňte tuk z tekutiny. Zvyšný vývar, maizenu a sójovú omáčku zmiešajte s cukrom a korením a vmiešajte do panvice. Za stáleho miešania priveďte do varu a potom varte asi 5 minút, kým omáčka nezhustne. Preložíme do vyhriatej servírovacej misy a podávame ozdobené jarnou cibuľkou.

Vyprážaná kačica

Pre 4 osoby

1 vaječný bielok, zľahka vyšľahaný
20 ml / 1½ lyžice kukuričnej múky (kukuričný škrob)
soľ
450 g kačacích pŕs, nakrájaných na tenké plátky
45 ml / 3 lyžice arašidového oleja
2 jarné cibuľky (šalotky), nakrájané na pásiky
1 zelená paprika, nakrájaná na prúžky
5 ml / 1 lyžička ryžového vína alebo suchého sherry
75 ml / 5 polievkových lyžíc kuracieho vývaru
2,5 ml / ½ lyžičky cukru

Bielka vyšľaháme s 15 ml / 1 polievkovou lyžicou kukuričnej múky a štipkou soli. Pridajte nakrájanú kačicu a miešajte, kým nie je kačica obalená. Zahrejte olej a opečte kačicu, kým nie je uvarená a dozlatista. Vyberte kačicu z panvice a vypustite všetko okrem 30 ml/2 polievkové lyžice oleja. Pridajte jarnú cibuľku a papriku a restujte 3 minúty. Pridajte víno alebo sherry, vývar a cukor a priveďte do varu. Zvyšnú kukuričnú krupicu zmiešame s trochou vody, vmiešame do omáčky a za stáleho miešania dusíme, kým omáčka nezhustne. Vmiešame kačicu, prehrejeme a podávame.

Kačica so sladkými zemiakmi

Pre 4 osoby

1 kačica

250 ml / 8 fl oz / 1 šálka arašidového oleja

225 g sladkých zemiakov, ošúpaných a nakrájaných na kocky

2 strúčiky cesnaku, rozdrvené

1 plátok koreňa zázvoru, nasekaný

2,5 ml / ½ čajovej lyžičky škorice

2,5 ml / ½ čajovej lyžičky mletých klinčekov

štipka mletého anízu

5 ml / 1 lyžička cukru

15 ml / 1 polievková lyžica sójovej omáčky

250 ml / 8 fl oz / 1 šálka kuracieho vývaru

15 ml / 1 polievková lyžica kukuričnej múky (kukuričný škrob)

30 ml / 2 polievkové lyžice vody

Kačicu nakrájame na 5 cm/2 cm kúsky. Rozpálime olej a zemiaky opečieme do zlatista. Vyberte ich z panvice a vypustite všetko okrem 30 ml / 2 polievkové lyžice oleja. Pridajte cesnak a zázvor a za stáleho miešania smažte 30 sekúnd. Pridáme kačicu a opekáme, kým zo všetkých strán jemne nezhnedne. Pridajte korenie, cukor, sójovú omáčku a vývar a priveďte do varu. Pridáme zemiaky, prikryjeme a dusíme asi 20 minút, kým kačica nezmäkne. Kukuričnú krupicu rozmixujeme s vodou na pastu, potom ju vmiešame do panvice a dusíme za stáleho miešania, kým omáčka nezhustne.

Sladkokyslá kačica

Pre 4 osoby

1 kačica

1,2 l / 2 body / 5 šálok kuracieho vývaru

2 cibule

2 mrkvy

2 strúčiky cesnaku, nakrájané na plátky

15 ml / 1 polievková lyžica nakladacieho korenia

10 ml / 2 čajové lyžičky soli

10 ml / 2 čajové lyžičky arašidového oleja

6 nasekaných jarných cibuľiek (cibuliek).

1 mango, olúpané a nakrájané na kocky

12 liči, na polovicu

15 ml / 1 polievková lyžica kukuričnej múky (kukuričný škrob)

15 ml / 1 polievková lyžica vínneho octu

10 ml / 2 čajové lyžičky paradajkového pretlaku (koncentrátu)

15 ml / 1 polievková lyžica sójovej omáčky

5 ml / 1 čajová lyžička prášku z piatich korení

300 ml / ½ bodu / 1 ¼ šálky kuracieho vývaru

Vložte kačicu do parného koša na panvicu s vývarom, cibuľou, mrkvou, cesnakom, koreninami a soľou. Prikryjeme a dusíme 2 1/2 hodiny. Kačicu necháme vychladnúť, prikryjeme a dáme na 6 hodín do chladničky. Mäso zbavíme kostí a nakrájame na kocky. Rozpálime olej a opražíme kačku a jarnú cibuľku dochrumkava. Primiešame zvyšné ingrediencie, privedieme do varu a za stáleho miešania varíme 2 minúty, kým omáčka nezhustne.

Mandarínková kačica

Pre 4 osoby

1 kačica
60 ml / 4 polievkové lyžice arašidového oleja
1 kus sušenej mandarínkovej kôry
900 ml / 1½ bodu / 3¾ šálky kuracieho vývaru
5 ml / 1 lyžička soli

Kačicu zaveste na sušenie na 2 hodiny. Rozohrejte polovicu oleja a opečte kačicu, kým jemne nezhnedne. Presuňte do veľkej žiaruvzdornej misy. Zohrejte zvyšný olej a 2 minúty opečte kôru z mandarínky, potom ju vložte do kačice. Kačicu zalejeme vývarom a dochutíme soľou. Misku položte na mriežku v parnom hrnci, prikryte a duste asi 2 hodiny, kým kačica nezmäkne.

Kačica so zeleninou

Pre 4 osoby

1 veľká kačica, nakrájaná na 16 kusov

soľ

300 ml / ½ bodu / 1¼ šálky vody

300 ml / ½ pt / 1¼ šálky suchého bieleho vína

120 ml / 4 fl oz / ½ šálky vínneho octu

45 ml / 3 lyžice sójovej omáčky

30 ml / 2 polievkové lyžice slivkovej omáčky

30 ml / 2 polievkové lyžice hoisin omáčky

5 ml / 1 čajová lyžička prášku z piatich korení

6 nasekaných jarných cibuliek (cibuliek).

2 mrkvy, nakrájané

5 cm / 2 v bielej reďkovke, nasekané

50 g čínskej kapusty nakrájanej na kocky

čerstvo mleté korenie

5 ml / 1 lyžička cukru

Kúsky kačice vložte do misy, posypte soľou a pridajte vodu a víno. Pridajte vínny ocot, sójovú omáčku, slivkovú omáčku, omáčku hoisin a prášok z piatich korení, priveďte do varu, prikryte a duste asi 1 hodinu. Pridajte zeleninu do panvice, odstráňte veko a dusíme ďalších 10 minút. Dochutíme soľou, korením a cukrom a necháme vychladnúť. Prikryte a nechajte cez noc v chladničke. Odoberte tuk a kačicu prehrejte v omáčke 20 minút.

Pikantné dusené bravčové mäso

Pre 4 osoby

450 g / 1 lb bravčového mäsa, nakrájaného na kocky
soľ a korenie
30 ml / 2 polievkové lyžice sójovej omáčky
30 ml / 2 polievkové lyžice hoisin omáčky
45 ml / 3 lyžice arašidového oleja
120 ml / 4 fl oz / ½ šálky ryžového vína alebo suchého sherry
300 ml / ½ bodu / 1 ¼ šálky kuracieho vývaru
5 ml / 1 čajová lyžička prášku z piatich korení
6 nasekaných jarných cibuľiek (cibuliek).
225 g hlivy ustricovej, nakrájanej na plátky
15 ml / 1 polievková lyžica kukuričnej múky (kukuričný škrob)

Mäso dochutíme soľou a korením. Uložíme na tanier a zmiešame sójovú omáčku a omáčku hoisin. Prikryjeme a necháme 1 hodinu marinovať. Rozpálime olej a na panvici opečieme mäso do zlatista. Pridajte víno alebo sherry, vývar a prášok z piatich korení, priveďte do varu, prikryte a varte 1 hodinu. Pridajte jarnú cibuľku a huby, odstráňte pokrievku a dusíme ďalšie 4 minúty. Kukuričný škrob rozmiešame s trochou vody, privedieme späť do varu a za miešania varíme 3 minúty, kým omáčka nezhustne.

Bravčové buchty na pare

Za 12

30 ml / 2 polievkové lyžice hoisin omáčky
15 ml / 1 polievková lyžica ustricovej omáčky
15 ml / 1 polievková lyžica sójovej omáčky
2,5 ml / ½ čajovej lyžičky sezamového oleja
30 ml / 2 polievkové lyžice arašidového oleja
10 ml / 2 čajové lyžičky strúhaného koreňa zázvoru
1 strúčik cesnaku, rozdrvený
300 ml / ½ bodu / 1 ¼ šálky vody
15 ml / 1 polievková lyžica kukuričnej múky (kukuričný škrob)
225 g vareného bravčového mäsa, nakrájaného nadrobno
4 jarné cibuľky (nakrájané nadrobno).
350 g / 12 oz / 3 šálky hladkej múky (univerzálne)
15 ml / 1 polievková lyžica prášku do pečiva
2,5 ml / ½ čajovej lyžičky soli
50 g / 2 oz / ½ šálky bravčovej masti
5 ml / 1 lyžička vínneho octu
12 x 13 cm / 5 štvorcov voskového papiera

Vmiešajte hoisin, ustrice a sójové omáčky a sezamový olej. Zahrejte olej a opečte zázvor a cesnak, kým jemne nezhnednú.

Pridajte omáčkovú zmes a duste 2 minúty. Zmiešajte 120 ml / 4 fl oz / ½ šálky vody s kukuričným škrobom a vmiešajte do panvice. Za stáleho miešania priveďte do varu a potom varte, kým zmes nezhustne. Vmiešame bravčové mäso a cibuľu a necháme vychladnúť.

Zmiešajte múku, prášok do pečiva a soľ. Vtierame bravčovú masť, kým zmes nebude pripomínať jemnú strúhanku. Zmiešajte vínny ocot a zvyšnú vodu, potom zmiešajte s múkou a vytvorte tuhé cesto. Na pomúčenej doske zľahka premiesime, prikryjeme a necháme 20 minút odpočívať.

Cesto ešte raz premiesime, rozdelíme na 12 a z každého vyformujeme guľu. Na pomúčenej doske vyvaľkáme na 15 cm/6 cm kruh. Do stredu každého kruhu položte polievkové lyžice plnky, okraje potrite vodou a okraje pritlačte k sebe, aby sa plnka uzavrela. Potrite jednu stranu každého štvorca voskového papiera olejom. Každý sendvič položte na papierový štvorec švom nadol. Buchty položte v jednej vrstve na parný rošt nad vriacou vodou. Žemle prikryjeme a dusíme asi 20 minút, kým nebudú uvarené.

Bravčové s kapustou

Pre 4 osoby

6 sušených čínskych húb

30 ml / 2 polievkové lyžice arašidového oleja

450 g/1 lb bravčového mäsa, nakrájaného na prúžky

2 cibule, nakrájané na plátky

2 červené papriky, nakrájané na prúžky

350 g bielej kapusty, nakrájanej

2 strúčiky cesnaku, mleté

2 kusy stopkového zázvoru, nasekané

30 ml / 2 polievkové lyžice medu

45 ml / 3 lyžice sójovej omáčky

120 ml / 4 fl oz / ½ šálky suchého bieleho vína

soľ a korenie

10 ml / 2 čajové lyžičky kukuričnej múky (kukuričný škrob)

15 ml / 1 polievková lyžica vody

Namočte huby do teplej vody na 30 minút, potom sceďte. Odstráňte stonky a nakrájajte čiapky. Zahrejte olej a opečte bravčové mäso, kým jemne nezhnedne. Pridajte zeleninu, cesnak a zázvor a za stáleho miešania smažte 1 minútu. Pridajte med, sójovú omáčku a víno, priveďte do varu, prikryte a duste 40 minút, kým sa mäso neuvarí. Dochutíme soľou a korením. Zmiešajte kukuričnú múku a vodu a vmiešajte do panvice. Za stáleho miešania priveďte do varu a potom varte 1 minútu.

Bravčové s kapustou a paradajkami

Pre 4 osoby

30 ml / 2 polievkové lyžice arašidového oleja

450 g / 1 lb chudého bravčového mäsa, nakrájaného na vločky

soľ a čerstvo mleté korenie

1 strúčik cesnaku, rozdrvený

1 cibuľu nakrájanú nadrobno

½ hlávkovej kapusty, strúhanej

450 g paradajok, olúpaných a nakrájaných na štvrtiny

250 ml / 8 fl oz / 1 šálka vývaru

30 ml / 2 polievkové lyžice kukuričnej múky (kukuričný škrob)

15 ml / 1 polievková lyžica sójovej omáčky

60 ml / 4 polievkové lyžice vody

Zohrejte olej a opečte bravčové mäso, soľ, korenie, cesnak a cibuľu, kým jemne nezhnednú. Pridáme kapustu, paradajky a vývar, privedieme do varu, prikryjeme a dusíme 10 minút, kým kapusta nezmäkne. Kukuričnú krupicu, sójovú omáčku a vodu rozmixujeme na pastu, vmiešame do panvice a za stáleho miešania dusíme, kým omáčka nezosvetlí a nezhustne.

Marinované bravčové mäso s kapustou

Pre 4 osoby

350 g bravčového bôčika

2 jarné cibuľky (nakrájaná cibuľka).

1 plátok koreňa zázvoru, nasekaný

1 tyčinka škorice

3 badiánové klinčeky

45 ml / 3 polievkové lyžice hnedého cukru

600 ml / 1 bod / 2½ šálky vody

15 ml / 1 polievková lyžica arašidového oleja

15 ml / 1 polievková lyžica sójovej omáčky

5 ml / 1 čajová lyžička paradajkového pretlaku (koncentrátu)

5 ml / 1 lyžička ustricovej omáčky

100 g / 4 oz bok choy srdiečka

100 g / 4 oz pak choi

Bravčové mäso nakrájajte na 10 cm/4 cm kúsky a vložte do misy. Pridajte jarnú cibuľku, zázvor, škoricu, badián, cukor a vodu a nechajte 40 minút odpočívať. Zahrejte olej, vyberte bravčové mäso z marinády a pridajte ho na panvicu. Smažte, kým jemne nezhnedne, potom pridajte sójovú omáčku, paradajkový pretlak a ustricovú omáčku. Priveďte do varu a varte asi 30 minút, kým bravčové mäso nezmäkne a tekutina sa nezredukuje, v prípade potreby pridajte počas varenia trochu vody.

Medzitým podusíme kapustové srdiečka a pak choi nad vriacou vodou asi 10 minút, kým nezmäknú. Umiestnite ich na teplý servírovací tanier, navrch položte bravčové mäso a navrch nalejte omáčku.

Bravčové mäso v zeleri

Pre 4 osoby

45 ml / 3 lyžice arašidového oleja
1 strúčik cesnaku, rozdrvený
1 jarná cibuľka (nasekaná cibuľka).
1 plátok koreňa zázvoru, nasekaný
225 g chudého bravčového mäsa nakrájaného na prúžky
100 g zeleru, nakrájaného na tenké plátky
45 ml / 3 lyžice sójovej omáčky
15 ml / 1 polievková lyžica ryžového vína alebo suchého sherry
5 ml / 1 čajová lyžička kukuričnej múky (kukuričný škrob)

Rozpálime olej a orestujeme cesnak, jarnú cibuľku a zázvor, kým jemne nezhnednú. Pridajte bravčové mäso a za stáleho miešania smažte 10 minút, kým nezhnedne. Pridajte zeler a restujte 3 minúty. Pridáme ostatné ingrediencie a za stáleho miešania smažíme 3 minúty.

Bravčové mäso s gaštanmi a šampiňónmi

Pre 4 osoby

4 sušené čínske huby
100 g / 4 unce / 1 šálka gaštanov
30 ml / 2 polievkové lyžice arašidového oleja
2,5 ml / ½ čajovej lyžičky soli
450 g / 1 lb chudé bravčové mäso, nakrájané na kocky
15 ml / 1 polievková lyžica sójovej omáčky
375 ml kuracieho vývaru
100 g vodných gaštanov, nakrájaných na plátky

Namočte huby do teplej vody na 30 minút, potom sceďte. Odstráňte stonky a rozpolte klobúčiky. Gaštany varte 1 minútu vo vriacej vode a potom sceďte. Zahrejte olej a soľ, potom opečte bravčové mäso, kým jemne nezhnedne. Pridajte sójovú omáčku a za stáleho miešania smažte 1 minútu. Pridajte vývar a priveďte do varu. Pridajte gaštany a vodné gaštany, priveďte späť do varu, prikryte a duste asi 1½ hodiny, kým mäso nezmäkne.

Bravčová kotleta Suey

Pre 4 osoby

100 g / 4 oz bambusové výhonky, nakrájané na prúžky
100 g vodných gaštanov nakrájaných na tenké plátky
60 ml / 4 polievkové lyžice arašidového oleja
3 jarné cibuľky (nakrájaná cibuľka).
2 strúčiky cesnaku, rozdrvené
1 plátok koreňa zázvoru, nasekaný
225 g chudého bravčového mäsa nakrájaného na prúžky
45 ml / 3 lyžice sójovej omáčky
15 ml / 1 polievková lyžica ryžového vína alebo suchého sherry
5 ml / 1 lyžička soli
5 ml / 1 lyžička cukru
čerstvo mleté korenie
15 ml / 1 polievková lyžica kukuričnej múky (kukuričný škrob)

Bambusové výhonky a vodné gaštany blanšírujte vo vriacej vode 2 minúty, potom sceďte a osušte. Zahrejte 45 ml / 3 lyžice oleja a opečte jarnú cibuľku, cesnak a zázvor, kým jemne nezhnednú. Pridajte bravčové mäso a za stáleho miešania smažte 4 minúty. Odstráňte z panvice.

Zvyšný olej rozohrejeme a zeleninu opekáme 3 minúty. Pridajte bravčové mäso, sójovú omáčku, víno alebo sherry, soľ, cukor a štipku korenia a za stáleho miešania opekajte 4 minúty. Kukuričnú krupicu zmiešame s trochou vody, vmiešame do panvice a za stáleho miešania dusíme, kým omáčka nezosvetlí a nezhustne.

Bravčové Chow Mein

Pre 4 osoby

4 sušené čínske huby

30 ml / 2 polievkové lyžice arašidového oleja

2,5 ml / ½ čajovej lyžičky soli

4 nasekané jarné cibuľky (nakrájaná cibuľka).

225 g chudého bravčového mäsa nakrájaného na prúžky

15 ml / 1 polievková lyžica sójovej omáčky

5 ml / 1 lyžička cukru

3 zelerové tyčinky, nasekané

1 cibuľa, nakrájaná na kolieska

100 g húb nakrájaných na polovicu

120 ml / 4 fl oz / ½ šálky kuracieho vývaru

vyprážané špagety

Namočte huby do teplej vody na 30 minút, potom sceďte. Odstráňte stonky a nakrájajte čiapky. Rozpálime olej a soľ a opražíme jarnú cibuľku do zmäknutia. Pridajte bravčové mäso a opečte, kým jemne nezhnedne. Sójovú omáčku, cukor, zeler, cibuľu a čerstvé aj sušené huby zmiešame a za stáleho miešania opekáme asi 4 minúty, kým sa suroviny dobre nespoja. Pridáme vývar a dusíme 3 minúty. Pridajte polovicu rezancov na panvicu a jemne premiešajte, potom pridajte zvyšné rezance a miešajte, kým sa nezahrejú.

Pečené bravčové Chow Mein

Pre 4 osoby

100 g sójových klíčkov
45 ml / 3 lyžice arašidového oleja
100 g čínskej kapusty, nakrájanej
225 g pečeného bravčového mäsa, nakrájaného na plátky
5 ml / 1 lyžička soli
15 ml / 1 polievková lyžica ryžového vína alebo suchého sherry

Fazuľové klíčky blanšírujte vo vriacej vode 4 minúty, potom sceďte. Rozpálime olej a za stáleho miešania opražíme fazuľové klíčky a kapustu, kým nezmäknú. Pridajte bravčové mäso, soľ a sherry a za stáleho miešania smažte, kým sa nezahreje. Pridajte polovicu scedených rezancov do panvice a jemne miešajte, kým sa nezohrejú. Pridajte zvyšné rezance a miešajte, kým sa nezahrejú.

Bravčové mäso s chutney

Pre 4 osoby

5 ml / 1 čajová lyžička prášku z piatich korení

5 ml / 1 čajová lyžička kari

450 g/1 lb bravčového mäsa, nakrájaného na prúžky

30 ml / 2 polievkové lyžice arašidového oleja

6 jarných cibuľiek (cibuliek), nakrájaných na prúžky

1 stonka zeleru, nakrájaná na pásiky

100 g sójových klíčkov

1 nádoba 200 g / 7 oz Sladké čínske uhorky, nakrájané na kocky

45 ml / 3 polievkové lyžice mangového chutney

30 ml / 2 polievkové lyžice sójovej omáčky

30 ml / 2 polievkové lyžice paradajkového pretlaku (pasta)

150 ml / ¼ pt / štedrý ½ šálky kuracieho vývaru

10 ml / 2 čajové lyžičky kukuričnej múky (kukuričný škrob)

Korenie dobre votrieme do bravčového mäsa. Zohrejte olej a mäso opekajte na panvici 8 minút alebo kým nebude uvarené. Odstráňte z panvice. Pridajte zeleninu do panvice a za stáleho miešania smažte 5 minút. Vráťte bravčové mäso na panvicu so všetkými zvyšnými ingredienciami okrem kukuričnej múčky.

Miešajte, kým sa nezahreje. Kukuričný škrob zmiešame s trochou vody, vmiešame do panvice a za stáleho miešania dusíme, kým omáčka nezhustne.

Bravčové mäso s uhorkou

Pre 4 osoby

225 g chudého bravčového mäsa nakrájaného na prúžky
30 ml / 2 polievkové lyžice hladkej múky (univerzálne)
soľ a čerstvo mleté korenie
60 ml / 4 polievkové lyžice arašidového oleja
225 g uhorky, ošúpanej a nakrájanej na plátky
30 ml / 2 polievkové lyžice sójovej omáčky

Vložte bravčové mäso do múky a dochuťte soľou a korením. Zohrejte olej a opečte bravčové mäso na panvici asi 5 minút, kým sa neuvarí. Pridajte uhorku a sójovú omáčku a za stáleho miešania smažte ďalšie 4 minúty. Skontrolujeme a upravíme korenie a podávame s opraženou ryžou.

Chrumkavé bravčové balíčky

Pre 4 osoby

4 sušené čínske huby
30 ml / 2 polievkové lyžice arašidového oleja
225 g bravčovej panenky, nakrájanej (mletej)
50 g ošúpaných kreviet, nasekaných
15 ml / 1 polievková lyžica sójovej omáčky
15 ml / 1 polievková lyžica kukuričnej múky (kukuričný škrob)
30 ml / 2 polievkové lyžice vody
8 x zavinovačky na jarné rolky
100 g / 4 oz / 1 šálka kukuričnej múky (kukuričný škrob)
vyprážať olej

Namočte huby do teplej vody na 30 minút, potom sceďte. Odstráňte stonky a jemne nakrájajte klobúky. Zohrejte olej a 2 minúty opečte šampiňóny, bravčové mäso, krevety a sójovú omáčku. Kukuričnú múku a vodu zmiešame na pastu a vmiešame do zmesi, aby sme vytvorili náplň.

Obaly nakrájajte na pásiky, na koniec každého dajte trochu plnky a rozvaľkajte na trojuholníky, ktoré uzatvorte trochou múky a vody. Veľkoryso poprášte kukuričnou múkou.

Rozpálime olej a opražíme trojuholníky do chrumkava a dozlatista. Pred podávaním dobre sceďte.

Rolky z bravčových vajec

Pre 4 osoby

225 g chudého bravčového mäsa, strúhaného

1 plátok koreňa zázvoru, nasekaný

1 nasekaná jarná cibuľka

15 ml / 1 polievková lyžica sójovej omáčky

15 ml / 1 polievková lyžica vody

12 x nechtová koštička

1 vajce, rozšľahané

vyprážať olej

Vmiešame bravčové mäso, zázvor, cibuľu, sójovú omáčku a vodu. Do stredu každej šupky dáme trochu plnky a okraje potrieme rozšľahaným vajíčkom. Zložte boky a rolku odvaľkajte smerom od seba, pričom okraje zalepte vajíčkom. Duste na mriežke v parnom hrnci 30 minút, kým sa bravčové mäso neuvarí. Zahrejte olej a smažte niekoľko minút, kým nebude chrumkavý a zlatý.

Bravčové a krevetové vaječné rolky

Pre 4 osoby

30 ml / 2 polievkové lyžice arašidového oleja
225 g chudého bravčového mäsa, strúhaného
6 nasekaných jarných cibuľiek (cibuliek).
225 g fazuľových klíčkov
100 g ošúpaných kreviet, nasekaných
15 ml / 1 polievková lyžica sójovej omáčky
2,5 ml / ½ čajovej lyžičky soli
12 x nechtová kožtička
1 vajce, rozšľahané
vyprážať olej

Rozpálime olej a opražíme bravčové mäso a jarnú cibuľku, kým jemne nezhnednú. Medzitým blanšírujte fazuľové klíčky vo vriacej vode po dobu 2 minút a potom ich sceďte. Do panvice pridajte fazuľové klíčky a za stáleho miešania smažte 1 minútu. Pridajte krevety, sójovú omáčku a soľ a za stáleho miešania smažte 2 minúty. Nechajte vychladnúť.

Do stredu každej šupky dáme trochu plnky a okraje potrieme rozšľahaným vajíčkom. Preložte boky, potom rolky zrolujte a okraje prilepte vajcom. Zahrejte olej a opečte vaječné rolky do chrumkava a dozlatista.

Dusené bravčové mäso s vajcami

Pre 4 osoby

450 g / 1 lb chudého bravčového mäsa
30 ml / 2 polievkové lyžice arašidového oleja
1 cibuľa, nakrájaná
90 ml / 6 lyžíc sójovej omáčky
45 ml / 3 lyžice ryžového vína alebo suchého sherry
15 ml / 1 polievková lyžica hnedého cukru
3 vajcia na tvrdo (uvarené na tvrdo).

Priveďte do varu hrniec s vodou, pridajte bravčové mäso, priveďte späť do varu a varte, kým nebude uzavretý. Vyberte z panvice, dobre sceďte a nakrájajte na kocky. Rozpálime olej a opražíme cibuľu, kým nezmäkne. Pridajte bravčové mäso a za stáleho miešania opečte, kým jemne nezhnedne. Primiešame sójovú omáčku, víno alebo sherry a cukor, prikryjeme a za občasného miešania dusíme 30 minút. Vajcia zľahka narežte, potom ich pridajte do panvice, prikryte a duste ďalších 30 minút.

Ohnivé prasa

Pre 4 osoby

450 g bravčového filé nakrájaného na prúžky
30 ml / 2 polievkové lyžice sójovej omáčky
30 ml / 2 polievkové lyžice hoisin omáčky
5 ml / 1 čajová lyžička prášku z piatich korení
15 ml / 1 polievková lyžica papriky
15 ml / 1 polievková lyžica hnedého cukru
15 ml / 1 polievková lyžica sezamového oleja
30 ml / 2 polievkové lyžice arašidového oleja
6 nasekaných jarných cibuľiek (cibuliek).
1 zelená paprika, nakrájaná na kúsky
200 g sójových klíčkov
2 plátky ananásu, nakrájané na kocky
45 ml / 3 lyžice paradajkového kečupu (catsup)
150 ml / ¼ pt / štedrý ½ šálky kuracieho vývaru

Vložte mäso do misy. Zmiešajte sójovú omáčku, omáčku hoisin, prášok z piatich korení, korenie a cukor, nalejte na mäso a nechajte 1 hodinu marinovať. Zahrejte oleje a mäso opečte na panvici, kým nezhnedne. Odstráňte z panvice. Pridajte zeleninu a smažte 2 minúty. Pridajte ananás, kečup a vývar a priveďte do varu. Vráťte mäso na panvicu a pred podávaním ho prehrejte.

Vyprážaná bravčová panenka

Pre 4 osoby

350 g bravčového filé, nakrájaného na kocky
15 ml / 1 polievková lyžica ryžového vína alebo suchého sherry
15 ml / 1 polievková lyžica sójovej omáčky
5 ml / 1 lyžička sezamového oleja
30 ml / 2 polievkové lyžice kukuričnej múky (kukuričný škrob)
vyprážať olej

Zmiešajte bravčové mäso, víno alebo sherry, sójovú omáčku, sezamový olej a kukuričnú krupicu tak, aby sa bravčové mäso obalilo v hustom cestíčku. Rozpálime olej a bravčové mäso opekáme asi 3 minúty do chrumkava. Bravčové mäso vyberieme z panvice, rozohrejeme olej a opäť opekáme asi 3 minúty.

Bravčové mäso z piatich korení

Pre 4 osoby

225 g chudého bravčového mäsa

5 ml / 1 čajová lyžička kukuričnej múky (kukuričný škrob)

2,5 ml / ½ čajovej lyžičky prášku z piatich korení

2,5 ml / ½ čajovej lyžičky soli

15 ml / 1 polievková lyžica ryžového vína alebo suchého sherry

20 ml / 2 polievkové lyžice arašidového oleja

120 ml / 4 fl oz / ½ šálky kuracieho vývaru

Bravčové mäso nakrájajte na tenké plátky oproti zrnu. Zmiešajte bravčové mäso s kukuričnou múkou, práškom z piatich korení, soľou a vínom alebo sherry a dobre premiešajte, aby sa bravčové mäso obalilo. Za občasného miešania nechajte 30 minút odpočívať. Rozpálime olej, pridáme bravčové mäso a za stáleho miešania opekáme asi 3 minúty. Pridajte vývar, priveďte do varu, prikryte a duste 3 minúty. Ihneď podávajte.

Dusené voňavé bravčové mäso

Pre 6-8 osôb

1 kus mandarínkovej kôry
45 ml / 3 lyžice arašidového oleja
900 g / 2 lb chudé bravčové mäso, nakrájané na kocky
250 ml / 8 fl oz / 1 šálka ryžového vína alebo suchého sherry
120 ml / 4 fl oz / ½ šálky sójovej omáčky
2,5 ml / ½ čajovej lyžičky anízového prášku
½ tyčinky škorice
4 klinčeky
5 ml / 1 lyžička soli
250 ml / 8 fl oz / 1 šálka vody
2 jarné cibuľky (plátky cibule).
1 plátok koreňa zázvoru, nasekaný

Počas prípravy jedla namočte kôru z mandarínky do vody. Zahrejte olej a opečte bravčové mäso, kým jemne nezhnedne. Pridajte víno alebo sherry, sójovú omáčku, anízový prášok, škoricu, klinčeky, soľ a vodu. Priveďte do varu, pridajte mandarínkovú kôru, jarnú cibuľku a zázvor. Prikryjeme a dusíme asi 1 1/2 hodiny do mäkka, občas premiešame a v prípade potreby pridáme ešte trochu vriacej vody. Pred podávaním odstráňte korenie.

Bravčové mäso s mletým cesnakom

Pre 4 osoby

450 g / 1 lb bravčový bôčik, bez kože
3 plátky koreňa zázvoru
2 jarné cibuľky (nakrájaná cibuľka).
30 ml / 2 lyžice nasekaného cesnaku
30 ml / 2 polievkové lyžice sójovej omáčky
5 ml / 1 lyžička soli
15 ml / 1 polievková lyžica kuracieho vývaru
2,5 ml / ½ čajovej lyžičky chilli oleja
4 vetvičky koriandra

Vložte bravčové mäso do panvice so zázvorom a jarnou cibuľkou, podlejte vodou, priveďte do varu a varte 30 minút, kým sa úplne neuvarí. Vyberte a dobre sceďte, potom nakrájajte na tenké plátky s veľkosťou približne 5 cm / 2 štvorce. Plátky poukladajte do kovového sitka. Priveďte do varu panvicu s vodou, pridajte bravčové plátky a varte 3 minúty, kým sa nezohreje. Poukladajte na teplý servírovací tanier. Zmiešajte cesnak, sójovú omáčku, soľ, vývar a čili olej a lyžicou nalejte bravčové mäso. Podávame ozdobené koriandrom.

Vyprážané bravčové mäso so zázvorom

Pre 4 osoby
225 g chudého bravčového mäsa
5 ml / 1 čajová lyžička kukuričnej múky (kukuričný škrob)
30 ml / 2 polievkové lyžice sójovej omáčky
30 ml / 2 polievkové lyžice arašidového oleja
1 plátok koreňa zázvoru, nasekaný
1 jarná cibuľka (pokrájaná cibuľka).
45 ml / 3 polievkové lyžice vody
5 ml / 1 lyžička hnedého cukru

Bravčové mäso nakrájajte na tenké plátky oproti zrnu. Vmiešame kukuričnú múku, potom posypeme sójovou omáčkou a znova premiešame. Zahrejte olej a opečte bravčové mäso na panvici 2 minúty, kým dobre netesní. Pridajte zázvor a jarnú cibuľku a smažte 1 minútu. Pridajte vodu a cukor, prikryte a duste asi 5 minút, kým sa neuvaria.

Bravčové mäso so zelenými fazuľkami

Pre 4 osoby

450 g / 1 lb zelenej fazuľky, nakrájanej na kúsky
30 ml / 2 polievkové lyžice arašidového oleja
2,5 ml / ½ čajovej lyžičky soli
1 plátok koreňa zázvoru, nasekaný
225 g chudého bravčového mäsa, nakrájaného (mleté)
120 ml / 4 fl oz / ½ šálky kuracieho vývaru
75 ml / 5 polievkových lyžíc vody
2 vajcia
15 ml / 1 polievková lyžica kukuričnej múky (kukuričný škrob)

Blanšírujte fazuľu asi 2 minúty, potom sceďte. Zahrejte olej a za stáleho miešania opražte soľ a zázvor niekoľko sekúnd. Pridajte bravčové mäso a za stáleho miešania opečte, kým jemne nezhnedne. Pridajte fazuľu a za stáleho miešania smažte 30 sekúnd, polejte olejom. Primiešame vývar, privedieme do varu, prikryjeme a dusíme 2 minúty. Rozšľahajte 30 ml/2 polievkové lyžice vody s vajíčkami a vmiešajte do panvice. Zvyšnú vodu zmiešame s kukuričným škrobom. Keď vajcia začnú tuhnúť, vmiešame kukuričnú múku a varíme, kým zmes nezhustne. Ihneď podávajte.

Bravčové mäso so šunkou a tofu

Pre 4 osoby
4 sušené čínske huby
5 ml / 1 čajová lyžička arašidového oleja
100 g údenej šunky, nakrájanej na plátky
225 g nakrájaného tofu
225 g chudého bravčového mäsa, nakrájaného na plátky
15 ml / 1 polievková lyžica ryžového vína alebo suchého sherry
soľ a čerstvo mleté korenie
1 plátok koreňa zázvoru, nasekaný
1 jarná cibuľka (nasekaná cibuľka).
10 ml / 2 čajové lyžičky kukuričnej múky (kukuričný škrob)
30 ml / 2 polievkové lyžice vody

Namočte huby do teplej vody na 30 minút, potom sceďte. Odstráňte stonky a rozpolte klobúčiky. Potrieme žiaruvzdornú misku arašidovým olejom. Huby, šunku, tofu a bravčové mäso poukladajte vo vrstvách na tanier, bravčové mäso navrch. Podlejeme vínom alebo sherry, soľou a korením, zázvorom a jarnou cibuľkou. Prikryjeme a dusíme na mriežke nad vriacou vodou asi 45 minút, kým nebude uvarené. Vypustite omáčku z misky bez toho, aby ste narušili ingrediencie. Pridajte toľko vody, aby ste získali 250 ml / 8 fl oz / 1 šálka. Zmiešajte kukuričný škrob a vodu a pridajte ju do omáčky. Preložíme do misy a za stáleho miešania dusíme, kým omáčka nezosvetlí a nezhustne. Nalejte bravčovú zmes na teplý servírovací tanier,

Vyprážané bravčové špízy

Pre 4 osoby

450 g bravčového filé, nakrájaného na tenké plátky

100 g uvarenej šunky nakrájanej na tenké plátky

6 vodných gaštanov nakrájaných na tenké plátky

30 ml / 2 polievkové lyžice sójovej omáčky

30 ml / 2 lyžice vínneho octu

15 ml / 1 polievková lyžica hnedého cukru

15 ml / 1 polievková lyžica ustricovej omáčky

pár kvapiek chilli oleja

45 ml / 3 lyžice kukuričnej múky (kukuričný škrob)

30 ml / 2 polievkové lyžice ryžového vína alebo suchého sherry

2 rozšľahané vajcia

vyprážať olej

Na špízy navlečte striedavo bravčové mäso, šunku a vodné gaštany. Zmiešajte sójovú omáčku, vínny ocot, cukor, ustricovú omáčku a čili olej. Nalejte na špízy, prikryte a nechajte 3 hodiny marinovať v chladničke. Zmiešajte kukuričnú múku, víno alebo sherry a vajcia, kým nezískate hladké, husté cesto. Zatočte špajle v cestíčku, aby ste ich obalili. Rozpálime olej a špízy opečieme do zlatista.

Dusená bravčová stopka v červenej omáčke

Pre 4 osoby

1 veľká bravčová stopka
1 l / 1½ bodu / 4¼ šálky vriacej vody
5 ml / 1 lyžička soli
120 ml / 4 fl oz / ½ šálky vínneho octu
120 ml / 4 fl oz / ½ šálky sójovej omáčky
45 ml / 3 lyžice medu
5 ml / 1 lyžička borievky
5 ml / 1 lyžička anízových semien
5 ml / 1 lyžička koriandra
60 ml / 4 polievkové lyžice arašidového oleja
6 jarnej cibuľky (plátky cibule).
2 mrkvy, nakrájané na tenké plátky
1 palička zeleru, nakrájaná na plátky
45 ml / 3 polievkové lyžice hoisin omáčky
30 ml / 2 polievkové lyžice mangového chutney
75 ml / 5 lyžíc paradajkového pretlaku (pasta)
1 strúčik cesnaku, rozdrvený

60 ml / 4 lyžice nasekanej pažítky

Bravčovú stopku privedieme do varu s vodou, soľou, vínnym octom, 45 ml / 3 polievkovými lyžicami sójovej omáčky, medom a korením. Pridáme zeleninu, privedieme späť do varu, prikryjeme a dusíme asi 1½ hodiny, kým mäso nezmäkne. Mäso a zeleninu vyberieme z panvice, mäso odrežeme od kosti a nakrájame na kocky. Rozpálime olej a mäso opečieme do zlatista. Pridajte zeleninu a za stáleho miešania smažte 5 minút. Pridajte zvyšnú sójovú omáčku, omáčku hoisin, chutney, paradajkový pretlak a cesnak. Za stáleho miešania priveďte do varu a potom varte 3 minúty. Podávame posypané pažítkou.

Marinované bravčové mäso

Pre 4 osoby

450 g / 1 lb chudého bravčového mäsa
1 plátok koreňa zázvoru, nasekaný
1 strúčik cesnaku, rozdrvený
90 ml / 6 lyžíc sójovej omáčky
15 ml / 1 polievková lyžica ryžového vína alebo suchého sherry
45 ml / 3 lyžice arašidového oleja
1 jarná cibuľka (pokrájaná cibuľka).
15 ml / 1 polievková lyžica hnedého cukru
čerstvo mleté korenie

Zmiešajte bravčové mäso so zázvorom, cesnakom, 30 ml/2 polievkovými lyžicami sójovej omáčky a vínom alebo sherry. Za občasného miešania nechajte 30 minút odpočívať, potom mäso vyberte z marinády. Zahrejte olej a opečte bravčové mäso, kým jemne nezhnedne. Pridáme jarnú cibuľku, cukor, zvyšnú sójovú omáčku a štipku korenia, prikryjeme a dusíme asi 45 minút, kým sa bravčové mäso neuvarí. Bravčové mäso nakrájame na kocky a podávame.

Marinované bravčové kotlety

Pre 6 osôb

6 bravčových rezňov
1 plátok koreňa zázvoru, nasekaný
1 strúčik cesnaku, rozdrvený
90 ml / 6 lyžíc sójovej omáčky
30 ml / 2 polievkové lyžice ryžového vína alebo suchého sherry
45 ml / 3 lyžice arašidového oleja
2 jarné cibuľky (nakrájaná cibuľka).
15 ml / 1 polievková lyžica hnedého cukru
čerstvo mleté korenie

Z bravčových rezňov odrežte kosť a mäso nakrájajte na kocky. Zmiešajte zázvor, cesnak, 30 ml/2 polievkové lyžice sójovej omáčky a víno alebo sherry, nalejte na bravčové mäso a za občasného miešania nechajte 30 minút marinovať. Vyberte mäso z marinády. Zahrejte olej a opečte bravčové mäso, kým

jemne nezhnedne. Pridáme jarnú cibuľku a 1 minútu
restujeme. Zvyšnú sójovú omáčku zmiešame s cukrom a
štipkou korenia. Omáčku premiešame, privedieme do varu,
prikryjeme a dusíme asi 30 minút, kým bravčové mäso
nezmäkne.

Bravčové s hubami

Pre 4 osoby

25 g / 1 oz sušených čínskych húb
30 ml / 2 polievkové lyžice arašidového oleja
1 strúčik cesnaku, mletý
225 g chudého bravčového mäsa nakrájaného na plátky
4 nasekané jarné cibuľky (nakrájaná cibuľka).
15 ml / 1 polievková lyžica sójovej omáčky
15 ml / 1 polievková lyžica ryžového vína alebo suchého sherry
5 ml / 1 lyžička sezamového oleja

Namočte huby do teplej vody na 30 minút, potom sceďte.
Vyhoďte stonky a nakrájajte čiapky. Zahrejte olej a opečte
cesnak, kým jemne nezhnedne. Pridajte bravčové mäso a za
stáleho miešania opečte, kým nezhnedne. Zmiešajte jarnú
cibuľku, šampiňóny, sójovú omáčku a víno alebo sherry a za

stáleho miešania opekajte 3 minúty. Vmiešame sezamový olej a ihneď podávame.

Mäsový koláč na pare

Pre 4 osoby

450 g / 1 lb mletého bravčového mäsa (mleté)
4 vodné gaštany nakrájané nadrobno
225 g húb, nakrájaných nadrobno
5 ml / 1 lyžička sójovej omáčky
soľ a čerstvo mleté korenie
1 vajce, zľahka rozšľahané

Všetky ingrediencie dobre premiešame a na plechu vytvarujeme plochý koláč. Nádobu položte na rošt v parnom hrnci, prikryte a duste 1 1/2 hodiny.

Varené bravčové mäso s hubami

Pre 4 osoby

450 g / 1 lb chudé bravčové mäso, nakrájané na kocky
250 ml / 8 fl oz / 1 šálka vody
15 ml / 1 polievková lyžica sójovej omáčky
15 ml / 1 polievková lyžica ryžového vína alebo suchého sherry
5 ml / 1 lyžička cukru
5 ml / 1 lyžička soli
225 g šampiňónových húb

Vložte bravčové mäso a vodu do panvice a priveďte vodu do varu. Prikryte a varte 30 minút, potom sceďte a vývar si odložte. Vráťte bravčové mäso do panvice a pridajte sójovú omáčku. Varte za stáleho miešania, kým sa sójová omáčka nevstrebe. Vmiešame víno alebo sherry, cukor a soľ. Zalejeme odloženým vývarom, privedieme do varu, prikryjeme a dusíme asi 30 minút, pričom mäso občas obrátime. Pridáme huby a dusíme ďalších 20 minút.

Bravčové mäso s rezancami

Pre 4 osoby

30 ml / 2 polievkové lyžice arašidového oleja
5 ml / 2 čajové lyžičky soli
225 g chudého bravčového mäsa nakrájaného na prúžky
225 g bok choy, nasekaný
100 g / 4 oz bambusové výhonky, nasekané
100 g húb, nakrájaných na tenké plátky
150 ml / ¼ pt / štedrý ½ šálky kuracieho vývaru
10 ml / 2 čajové lyžičky kukuričnej múky (kukuričný škrob)
15 ml / 1 polievková lyžica ryžového vína alebo suchého sherry
15 ml / 1 polievková lyžica vody
rezancová palacinka

Zahrejte olej a opečte soľ a bravčové mäso, kým nebude svetlo sfarbené. Pridajte kapustu, bambusové výhonky a huby a za stáleho miešania smažte 1 minútu. Pridajte vývar, priveďte do varu, prikryte a duste 4 minúty, kým sa bravčové mäso neuvarí. Kukuričnú krupicu zmiešame s vínom alebo sherry a vodou, premiešame na panvici a za stáleho miešania dusíme, kým omáčka nezosvetlí a nezhustne. Na servírovanie nalejeme na palacinku z cesta.

Bravčové mäso a krevety s rezancami

Pre 4 osoby

30 ml / 2 polievkové lyžice arašidového oleja
5 ml / 1 lyžička soli
4 nasekané jarné cibuľky (nakrájaná cibuľka).
1 strúčik cesnaku, rozdrvený
225 g chudého bravčového mäsa nakrájaného na prúžky
100 g šampiňónov, nakrájaných na plátky
4 zelerové tyčinky, nakrájané na plátky
225 g ošúpaných kreviet
30 ml / 2 polievkové lyžice sójovej omáčky
10 ml / 1 lyžička kukuričnej múky (kukuričný škrob)
45 ml / 3 polievkové lyžice vody
rezancová palacinka

Rozpálime olej a soľ a orestujeme jarnú cibuľku a cesnak, kým nezmäknú. Pridajte bravčové mäso a za stáleho miešania opečte, kým jemne nezhnedne. Pridajte huby a zeler a za stáleho miešania smažte 2 minúty. Pridajte krevety, posypte sójovou omáčkou a miešajte, kým sa nezahrejú. Zmiešajte kukuričnú krupicu a vodu na pastu, vmiešajte do panvice a za stáleho miešania duste, kým nebude horúca. Na servírovanie nalejeme na palacinku z cesta.

Bravčové s ustricovou omáčkou

Pre 4-6 osôb

450 g / 1 lb chudého bravčového mäsa
15 ml / 1 polievková lyžica kukuričnej múky (kukuričný škrob)
10 ml / 2 čajové lyžičky ryžového vína alebo suchého sherry
Štipka cukru
45 ml / 3 lyžice arašidového oleja
10 ml / 2 čajové lyžičky vody
30 ml / 2 polievkové lyžice ustricovej omáčky
čerstvo mleté korenie
1 plátok koreňa zázvoru, nasekaný
60 ml / 4 polievkové lyžice kuracieho vývaru

Bravčové mäso nakrájajte na tenké plátky oproti zrnu. Zmiešajte 5 ml/1 lyžičku kukuričnej múky s vínom alebo sherry, cukrom a 5 ml/1 lyžičku oleja, pridajte k bravčovému mäsu a dobre premiešajte, aby sa obalilo. Zmiešajte zvyšnú kukuričnú múku s vodou, ustricovou omáčkou a štipkou korenia. Zvyšný olej zohrejte a zázvor 1 minútu opečte. Pridajte bravčové mäso a za stáleho miešania opečte, kým jemne nezhnedne. Pridajte vývar a zmes vody a ustricovej omáčky, priveďte do varu, prikryte a duste 3 minúty.

Bravčové mäso s arašidmi

Pre 4 osoby

450 g / 1 lb chudé bravčové mäso, nakrájané na kocky
15 ml / 1 polievková lyžica kukuričnej múky (kukuričný škrob)
5 ml / 1 lyžička soli
1 vaječný bielok
3 jarné cibuľky (nakrájaná cibuľka).
1 strúčik cesnaku, mletý
1 plátok koreňa zázvoru, nasekaný
45 ml / 3 polievkové lyžice kuracieho vývaru
15 ml / 1 polievková lyžica ryžového vína alebo suchého sherry
15 ml / 1 polievková lyžica sójovej omáčky
10 ml / 2 čajové lyžičky melasy blackstrap
45 ml / 3 lyžice arašidového oleja
½ uhorky, nakrájanej na kocky
25 g / 1 oz / ¼ šálky lúpaných arašidov
5 ml / 1 lyžička chilli oleja

Pomiešajte bravčové mäso s polovicou kukuričnej krupice, soľou a bielkom a dobre premiešajte, aby sa bravčové mäso obalilo. Zvyšnú kukuričnú krupicu zmiešame s jarnou cibuľkou, cesnakom, zázvorom, vývarom, vínom alebo sherry, sójovou omáčkou a melasou. Zohrejte olej a opečte bravčové mäso na panvici, kým jemne nezhnedne, a potom vyberte z panvice. Pridajte uhorku na panvicu a za stáleho miešania smažte niekoľko minút. Vráťte bravčové mäso do panvice a zľahka premiešajte. Vmiešame koreniacu zmes, privedieme do varu a za stáleho miešania varíme, kým omáčka nezosvetlí a nezhustne. Zmiešajte arašidy a chilli olej a pred podávaním prehrejte.

Bravčové mäso s paprikou

Pre 4 osoby

45 ml / 3 lyžice arašidového oleja
225 g chudého bravčového mäsa, nakrájaného na kocky
1 cibuľa, nakrájaná na kocky
2 zelené papriky, nakrájané na kocky
½ hlavy čínskych listov nakrájaných na kocky
1 plátok koreňa zázvoru, nasekaný
15 ml / 1 polievková lyžica sójovej omáčky
15 ml / 1 polievková lyžica cukru
2,5 ml / ½ čajovej lyžičky soli

Rozpálime olej a bravčové mäso opekáme asi 4 minúty do zlatista. Pridáme cibuľu a restujeme asi 1 minútu. Pridajte papriku a za stáleho miešania smažte 1 minútu. Pridajte čínske listy a za stáleho miešania smažte 1 minútu. Zmiešajte zvyšné ingrediencie, vmiešajte ich do panvice a za stáleho miešania smažte ďalšie 2 minúty.

Pikantné bravčové mäso s kyslou uhorkou

Pre 4 osoby

900 g bravčových rebier
30 ml / 2 polievkové lyžice kukuričnej múky (kukuričný škrob)
45 ml / 3 lyžice sójovej omáčky
30 ml / 2 polievkové lyžice sladkého sherry
5 ml / 1 lyžička strúhaného koreňa zázvoru
2,5 ml / ½ čajovej lyžičky prášku z piatich korení
štipka čerstvo mletého korenia
vyprážať olej
60 ml / 4 polievkové lyžice kuracieho vývaru
Čínska nakladaná zelenina

Nakrájajte kotlety, odstráňte všetok tuk a kosti. Zmiešajte kukuričnú múku, 30 ml/2 polievkové lyžice sójovej omáčky, sherry, zázvor, prášok z piatich korení a korenie. Nalejte na bravčové mäso a premiešajte, aby sa úplne obalilo. Prikryjeme a za občasného miešania necháme 2 hodiny marinovať.
Zohrejte olej a opečte bravčové mäso do zlatista a uvarené. Nechajte odkvapkať na savom papieri. Bravčové mäso

nakrájame na hrubé plátky, preložíme na teplý servírovací tanier a udržiavame v teple. Zmiešajte vývar a zvyšnú sójovú omáčku v hrnci. Privedieme do varu a nalejeme na bravčové plátky. Podávame ozdobené zmiešanými kyslými uhorkami.

Bravčové mäso so slivkovou omáčkou

Pre 4 osoby

450 g duseného bravčového mäsa, nakrájaného na kocky
2 strúčiky cesnaku, rozdrvené
soľ
60 ml / 4 lyžice paradajkového kečupu (catsup)
30 ml / 2 polievkové lyžice sójovej omáčky
45 ml / 3 lyžice slivkovej omáčky
5 ml / 1 čajová lyžička kari
5 ml / 1 lyžička papriky
2,5 ml / ½ čajovej lyžičky čerstvo mletého korenia
45 ml / 3 lyžice arašidového oleja
6 jarných cibuľiek (cibuliek), nakrájaných na prúžky
4 mrkvy, nakrájané na prúžky

Mäso marinujte s cesnakom, soľou, kečupom, sójovou omáčkou, slivkovou omáčkou, kari, paprikou a korením 30 minút. Rozpálime olej a mäso opečieme, kým jemne nezhnedne. Odstráňte z woku. Pridajte zeleninu do oleja a opečte do mäkka. Mäso vráťte na panvicu a pred podávaním jemne prehrejte.

Bravčové s krevetami

Pre 6-8 osôb

900 g / 2 lb chudé bravčové mäso
30 ml / 2 polievkové lyžice arašidového oleja
1 cibuľa, nakrájaná na plátky
1 jarná cibuľka (nasekaná cibuľka).
2 strúčiky cesnaku, rozdrvené
30 ml / 2 polievkové lyžice sójovej omáčky
50 g ošúpaných kreviet, nasekaných
(Zem)
600 ml / 1 bod / 2½ šálky vriacej vody
15 ml / 1 polievková lyžica cukru

Hrniec s vodou privedieme do varu, pridáme bravčové mäso, prikryjeme a dusíme 10 minút. Vyberte ich z panvice a dobre ich sceďte a potom ich nakrájajte na kocky. Rozpálime olej a opražíme na ňom cibuľu, jarnú cibuľku a cesnak do jemne zlatista. Pridajte bravčové mäso a opečte, kým jemne nezhnedne. Pridajte sójovú omáčku a krevety a za stáleho miešania smažte 1 minútu. Pridajte vriacu vodu a cukor, prikryte a duste asi 40 minút, kým bravčové mäso nezmäkne.

Bravčové mäso varené na červeno

Pre 4 osoby

675 g chudého bravčového mäsa nakrájaného na kocky
250 ml / 8 fl oz / 1 šálka vody
1 plátok koreňa zázvoru, rozdrvený
60 ml / 4 polievkové lyžice sójovej omáčky
15 ml / 1 polievková lyžica ryžového vína alebo suchého sherry
5 ml / 1 lyžička soli
10 ml / 2 čajové lyžičky hnedého cukru

Vložte bravčové mäso a vodu do panvice a priveďte vodu do varu. Pridáme zázvor, sójovú omáčku, sherry a soľ, prikryjeme a dusíme 45 minút. Pridáme cukor, mäso otočíme, prikryjeme a dusíme ďalších 45 minút, kým bravčové mäso nezmäkne.

Bravčové mäso v červenej omáčke

Pre 4 osoby

30 ml / 2 polievkové lyžice arašidového oleja
225 g bravčových ľadvín, nakrájaných na prúžky
450 g/1 lb bravčového mäsa, nakrájaného na prúžky
1 cibuľa, nakrájaná na plátky
4 jarné cibuľky (pokrájané na pásiky).
2 mrkvy, nakrájané na prúžky
1 stonka zeleru, nakrájaná na pásiky
1 červená paprika, nakrájaná na prúžky
45 ml / 3 lyžice sójovej omáčky
45 ml / 3 lyžice suchého bieleho vína
300 ml / ½ bodu / 1¼ šálky kuracieho vývaru
30 ml / 2 polievkové lyžice slivkovej omáčky
30 ml / 2 lyžice vínneho octu
5 ml / 1 čajová lyžička prášku z piatich korení
5 ml / 1 lyžička hnedého cukru
15 ml / 1 polievková lyžica kukuričnej múky (kukuričný škrob)
15 ml / 1 polievková lyžica vody

Zahrejte olej a obličky smažte 2 minúty, potom ich vyberte z panvice. Zahrejte olej a opečte bravčové mäso, kým jemne nezhnedne. Pridajte zeleninu a za stáleho miešania smažte 3 minúty. Pridajte sójovú omáčku, víno, vývar, slivkovú omáčku, vínny ocot, prášok z piatich korení a cukor, priveďte do varu, prikryte a duste 30 minút, kým sa neuvarí. Pridajte obličky. Zmiešajte kukuričnú múku a vodu a vmiešajte do panvice. Priveďte do varu a potom za stáleho miešania varte, kým omáčka nezhustne.

Bravčové mäso s ryžovými rezancami

Pre 4 osoby

4 sušené čínske huby

100 g ryžových rezancov

225 g chudého bravčového mäsa nakrájaného na prúžky

15 ml / 1 polievková lyžica kukuričnej múky (kukuričný škrob)

15 ml / 1 polievková lyžica sójovej omáčky

15 ml / 1 polievková lyžica ryžového vína alebo suchého sherry

45 ml / 3 lyžice arašidového oleja

2,5 ml / ½ čajovej lyžičky soli

1 plátok koreňa zázvoru, nasekaný

2 zelerové tyčinky, nasekané

120 ml / 4 fl oz / ½ šálky kuracieho vývaru

2 jarné cibuľky (plátky cibule).

Namočte huby do teplej vody na 30 minút, potom sceďte. Vyhoďte a stonky a nakrájajte čiapky. Rezance namočte na 30 minút do teplej vody, potom ich sceďte a nakrájajte na 5 cm/2 palce. Vložte bravčové mäso do misky. Zmiešajte kukuričnú krupicu, sójovú omáčku a víno alebo sherry, nalejte na bravčové mäso a premiešajte, aby sa obalilo. Zahrejte olej a niekoľko sekúnd opečte soľ a zázvor. Pridajte bravčové mäso a za stáleho miešania opečte, kým jemne nezhnedne. Pridajte huby a zeler a za stáleho miešania smažte 1 minútu. Pridajte vývar, priveďte do varu, prikryte a duste 2 minúty. Pridajte rezance a zahrievajte 2 minúty. Vmiešame jarnú cibuľku a ihneď podávame.

Bohaté bravčové fašírky

Pre 4 osoby
450 g / 1 lb mletého bravčového mäsa (mleté)
100 g roztlačeného tofu
4 vodné gaštany nakrájané nadrobno
soľ a čerstvo mleté korenie
120 ml / 4 fl oz / ½ šálky arašidového oleja
1 plátok koreňa zázvoru, nasekaný
600 ml / 1 bod / 2½ šálky kuracieho vývaru
15 ml / 1 polievková lyžica sójovej omáčky
5 ml / 1 lyžička hnedého cukru
5 ml / 1 lyžička ryžového vína alebo suchého sherry

Vmiešame bravčové mäso, tofu a gaštany a dochutíme soľou a korením. Formujte veľké gule. Zohrejte olej a bravčové fašírky opečte zo všetkých strán dozlatista, potom vyberte z panvice. Sceďte olej okrem 15 ml/1 polievkovú lyžicu a pridajte zázvor, vývar, sójovú omáčku, cukor a víno alebo sherry. Vráťte mäsové guľky do panvice, priveďte do varu a varte 20 minút, kým sa úplne neuvaria.

Pečené bravčové kotlety

Pre 4 osoby

4 bravčové kotlety

75 ml / 5 lyžíc sójovej omáčky

vyprážať olej

100 g zelerových tyčiniek

3 jarné cibuľky (nakrájaná cibuľka).

1 plátok koreňa zázvoru, nasekaný

15 ml / 1 polievková lyžica ryžového vína alebo suchého sherry

120 ml / 4 fl oz / ½ šálky kuracieho vývaru

soľ a čerstvo mleté korenie

5 ml / 1 lyžička sezamového oleja

Namáčajte bravčové kotlety v sójovej omáčke, kým nebudú dobre pokryté. Rozpálime olej a kotlety opečieme do zlatista. Vyberte a dobre sceďte. Zeler poukladajte na dno plytkej zapekacej misy. Posypeme jarnou cibuľkou a zázvorom a navrch poukladáme bravčové rezne. Zalejeme vínom alebo sherry a vývarom a dochutíme soľou a korením. Pokvapkáme sezamovým olejom. Pečieme v predhriatej rúre na 200°C/400°C/plyn 6 po dobu 15 minút.

Pikantné bravčové mäso

Pre 4 osoby

1 uhorka, nakrájaná na kocky

soľ

450 g / 1 lb chudé bravčové mäso, nakrájané na kocky

5 ml / 1 lyžička soli

45 ml / 3 lyžice sójovej omáčky

30 ml / 2 polievkové lyžice ryžového vína alebo suchého sherry

30 ml / 2 polievkové lyžice kukuričnej múky (kukuričný škrob)

15 ml / 1 polievková lyžica hnedého cukru

60 ml / 4 polievkové lyžice arašidového oleja

1 plátok koreňa zázvoru, nasekaný

1 strúčik cesnaku, mletý

1 červená paprika zbavená semienok a nakrájaná

60 ml / 4 polievkové lyžice kuracieho vývaru

Uhorku posypte soľou a nechajte bokom. Zmiešajte bravčové mäso, soľ, 15 ml/1 lyžičku sójovej omáčky, 15 ml/1 lyžičku vína alebo sherry, 15 ml/1 lyžičku kukuričnej múky, hnedý cukor a 15 ml/1 lyžičku oleja. Nechajte 30 minút odpočívať a potom mäso vyberte z marinády. Zohrejte zvyšný olej a bravčové mäso opečte na panvici, kým jemne nezhnedne.

Pridajte zázvor, cesnak a čili a za stáleho miešania smažte 2 minúty. Pridajte uhorku a za stáleho miešania smažte 2 minúty. Zmiešajte vývar a zvyšnú sójovú omáčku, víno alebo sherry a kukuričnú múku do marinády. Všetko premiešajte v panvici a za stáleho miešania priveďte do varu. Varíme na miernom ohni, miešame,

Klzké bravčové plátky

Pre 4 osoby
225 g chudého bravčového mäsa, nakrájaného na plátky
2 bielka
15 ml / 1 polievková lyžica kukuričnej múky (kukuričný škrob)
45 ml / 3 lyžice arašidového oleja
50 g / 2 oz bambusové výhonky, nakrájané na plátky
6 nasekaných jarných cibuliek (cibuliek).
2,5 ml / ½ čajovej lyžičky soli
15 ml / 1 polievková lyžica ryžového vína alebo suchého sherry
150 ml / ¼ pt / štedrý ½ šálky kuracieho vývaru

Zmiešajte bravčové mäso s vaječnými bielkami a kukuričnou múkou, kým sa dobre nepotiahne. Zohrejte olej a opečte bravčové mäso na panvici, kým jemne nezhnedne, a potom vyberte z panvice. Pridajte bambusové výhonky a jarnú cibuľku a smažte 2 minúty. Vráťte bravčové mäso do panvice so soľou, vínom alebo sherry a kuracím vývarom. Priveďte do varu a varte za stáleho miešania 4 minúty, kým sa bravčové mäso neuvarí.

Bravčové mäso so špenátom a mrkvou

Pre 4 osoby

225 g chudého bravčového mäsa
2 mrkvy, nakrájané na prúžky
225 g špenátu
45 ml / 3 lyžice arašidového oleja
1 jarná cibuľka (nakrájaná nadrobno).
15 ml / 1 polievková lyžica sójovej omáčky
2,5 ml / ½ čajovej lyžičky soli
10 ml / 2 čajové lyžičky kukuričnej múky (kukuričný škrob)
30 ml / 2 polievkové lyžice vody

Bravčové mäso nakrájajte na tenké plátky a potom nakrájajte na pásiky. Mrkvu blanšírujte asi 3 minúty a potom ju sceďte. Listy špenátu prekrojíme na polovice. Rozpálime olej a opražíme jarnú cibuľku dosklovita. Pridajte bravčové mäso a za stáleho miešania opečte, kým jemne nezhnedne. Pridajte mrkvu a sójovú omáčku a za stáleho miešania smažte 1 minútu. Pridajte soľ a špenát a za stáleho miešania opekajte asi 30 sekúnd, kým nezačne mäknúť. Kukuričnú múku a vodu zmiešame na pastu, vmiešame do omáčky a za stáleho miešania opražíme do bleda a ihneď podávame.

Dusené bravčové mäso

Pre 4 osoby

450 g / 1 lb chudé bravčové mäso, nakrájané na kocky
120 ml / 4 fl oz / ½ šálky sójovej omáčky
120 ml / 4 fl oz / ½ šálky ryžového vína alebo suchého sherry
15 ml / 1 polievková lyžica hnedého cukru

Zmiešajte všetky ingrediencie a vložte ich do žiaruvzdornej misy. Duste na mriežke nad vriacou vodou asi 1 1/2 hodiny, kým sa neuvarí.

Vyprážané bravčové mäso

Pre 4 osoby

25 g / 1 oz sušených čínskych húb
15 ml / 1 polievková lyžica arašidového oleja
450 g / 1 lb chudé bravčové mäso, nakrájané na plátky
1 zelená paprika, nakrájaná na kocky
15 ml / 1 polievková lyžica sójovej omáčky
15 ml / 1 polievková lyžica ryžového vína alebo suchého sherry
5 ml / 1 lyžička soli
5 ml / 1 lyžička sezamového oleja

Namočte huby do teplej vody na 30 minút, potom sceďte. Vyhoďte stonky a nakrájajte čiapky. Zohrejte olej a opečte bravčové mäso, kým jemne nezhnedne. Pridajte korenie a za stáleho miešania smažte 1 minútu. Pridajte huby, sójovú omáčku, víno alebo sherry a soľ a za stáleho miešania opekajte niekoľko minút, kým sa mäso neuvarí. Pred podávaním vmiešame sezamový olej.

Bravčové mäso so sladkými zemiakmi

Pre 4 osoby

vyprážať olej

2 veľké sladké zemiaky, nakrájané na plátky

30 ml / 2 polievkové lyžice arašidového oleja

1 plátok koreňa zázvoru, nakrájaný na plátky

1 cibuľa, nakrájaná na plátky

450 g / 1 lb chudé bravčové mäso, nakrájané na kocky

15 ml / 1 polievková lyžica sójovej omáčky

2,5 ml / ½ čajovej lyžičky soli

čerstvo mleté korenie

250 ml / 8 fl oz / 1 šálka kuracieho vývaru

30 ml / 2 polievkové lyžice kari

Rozpálime olej a opražíme batáty do zlatista. Vyberte z panvice a dobre sceďte. Zahrejte arašidový (arašidový) olej a orestujte zázvor a cibuľu, kým jemne nezhnednú. Pridajte bravčové mäso a za stáleho miešania opečte, kým jemne nezhnedne. Pridajte sójovú omáčku, soľ a štipku korenia, potom vmiešajte vývar a kari, priveďte do varu a varte za stáleho miešania 1 minútu. Pridajte vyprážané zemiaky, prikryte a duste 30 minút, kým sa bravčové mäso neuvarí.

Sladké a kyslé bravčové mäso

Pre 4 osoby

450 g / 1 lb chudé bravčové mäso, nakrájané na kocky

15 ml / 1 polievková lyžica ryžového vína alebo suchého sherry

15 ml / 1 polievková lyžica arašidového oleja

5 ml / 1 čajová lyžička kari

1 vajce, rozšľahané

soľ

100 g kukuričnej múky (kukuričný škrob)

vyprážať olej

1 strúčik cesnaku, rozdrvený

75 g / 3 oz / ½ šálky cukru

50 g paradajkového kečupu (kečup)

5 ml / 1 lyžička vínneho octu

5 ml / 1 lyžička sezamového oleja

Bravčové mäso zmiešame s vínom alebo sherry, olejom, kari, vajcom a trochou soli. Miešajte kukuričnú múku, kým bravčové mäso nie je pokryté cestom. Zohrejte olej do údenia, potom niekoľkokrát pridajte bravčové kocky. Smažte asi 3 minúty, potom sceďte a odstavte. Rozpálime olej a kocky opäť opekáme asi 2 minúty. Odstráňte a sceďte. Cesnak, cukor, kečup a vínny ocot zohrejeme a miešame, kým sa cukor nerozpustí. Priveďte do varu, potom pridajte bravčové kocky a dobre premiešajte. Vmiešame sezamový olej a podávame.

Slané bravčové mäso

Pre 4 osoby

30 ml / 2 polievkové lyžice arašidového oleja
450 g / 1 lb chudé bravčové mäso, nakrájané na kocky
3 jarné cibuľky (plátky cibule).
2 strúčiky cesnaku, rozdrvené
1 plátok koreňa zázvoru, nasekaný
250 ml / 8 fl oz / 1 šálka sójovej omáčky
30 ml / 2 polievkové lyžice ryžového vína alebo suchého sherry
30 ml / 2 polievkové lyžice hnedého cukru
5 ml / 1 lyžička soli
600 ml / 1 bod / 2½ šálky vody

Zahrejte olej a opečte bravčové mäso do zlatista. Prebytočný olej scedíme, pridáme jarnú cibuľku, cesnak a zázvor a restujeme 2 minúty. Pridajte sójovú omáčku, víno alebo sherry, cukor a soľ a dobre premiešajte. Pridajte vodu, priveďte do varu, prikryte a varte 1 hodinu.

Bravčové mäso s tofu

Pre 4 osoby

450 g / 1 lb chudého bravčového mäsa
45 ml / 3 lyžice arašidového oleja
1 cibuľa, nakrájaná na plátky
1 strúčik cesnaku, rozdrvený
225 g tofu nakrájaného na kocky
375 ml kuracieho vývaru
15 ml / 1 polievková lyžica hnedého cukru
60 ml / 4 polievkové lyžice sójovej omáčky
2,5 ml / ½ čajovej lyžičky soli

Vložte bravčové mäso do hrnca a podlejte vodou. Priveďte do varu a varte 5 minút. Scedíme ich a necháme vychladnúť a potom ich nakrájame na kocky.

Zahrejte olej a opečte cibuľu a cesnak, kým jemne nezhnednú. Pridajte bravčové mäso a opečte, kým jemne nezhnedne. Pridajte tofu a jemne premiešajte, kým sa obalí v oleji. Pridajte vývar, cukor, sójovú omáčku a soľ, priveďte do varu, prikryte a duste asi 40 minút, kým bravčové mäso nezmäkne.

Vyprážané bravčové mäso

Pre 4 osoby

225 g bravčového filé, nakrájaného na kocky
1 vaječný bielok
30 ml / 2 polievkové lyžice ryžového vína alebo suchého sherry
soľ
225 g kukuričnej múky (kukuričný škrob)
vyprážať olej

Zmiešajte bravčové mäso s bielkom, vínom alebo sherry a trochou soli. Postupne zapracujte toľko kukuričnej krupice, aby vzniklo husté cesto. Zohrejte olej a opečte bravčové mäso dozlatista, zvonka chrumkavé a zvnútra jemné.

Dvakrát varené bravčové mäso

Pre 4 osoby

225 g chudého bravčového mäsa
45 ml / 3 lyžice arašidového oleja
2 zelené papriky, nakrájané na kúsky
2 strúčiky cesnaku, mleté
2 jarné cibuľky (plátky cibule).
15 ml / 1 polievková lyžica pikantnej fazuľovej omáčky
15 ml / 1 polievková lyžica kuracieho vývaru
5 ml / 1 lyžička cukru

Vložte kus bravčového mäsa do panvice, zakryte vodou, priveďte do varu a varte 20 minút, kým sa úplne neuvarí. Vyberte a sceďte, potom nechajte vychladnúť. Nakrájajte na tenko.

Zohrejte olej a opečte bravčové mäso, kým jemne nezhnedne. Pridajte papriku, cesnak a jarnú cibuľku a smažte 2 minúty. Odstráňte z panvice. Do panvice pridajte fazuľovú omáčku, vývar a cukor a za stáleho miešania varte 2 minúty. Vráťte bravčové mäso a papriku a za stáleho miešania ich opečte, kým sa nezahreje. Ihneď podávajte.

Bravčové mäso so zeleninou

Pre 4 osoby

2 strúčiky cesnaku, rozdrvené

5 ml / 1 lyžička soli

2,5 ml / ½ čajovej lyžičky čerstvo mletého korenia

30 ml / 2 polievkové lyžice arašidového oleja

30 ml / 2 polievkové lyžice sójovej omáčky

225 g ružičiek brokolice

200 g ružičiek karfiolu

1 červená paprika, nakrájaná na kocky

1 cibuľa, nakrájaná

2 pomaranče, olúpané a nakrájané na kocky

1 kus stonkový zázvor, nasekaný

30 ml / 2 polievkové lyžice kukuričnej múky (kukuričný škrob)

300 ml / ½ bodu / 1 ¼ šálky vody

20 ml / 2 lyžice vínneho octu

15 ml / 1 polievková lyžica medu

štipka mletého zázvoru

2,5 ml / ½ čajovej lyžičky rasce

Do mäsa roztlačíme cesnak, soľ a korenie. Rozpálime olej a mäso opekáme, kým jemne nezhnedne. Odstráňte z panvice.

Pridajte sójovú omáčku a zeleninu na panvicu a za stáleho miešania opečte, kým nebude mäkká, ale stále chrumkavá. Pridajte pomaranče a zázvor. Zmiešajte kukuričnú múčku a vodu a vmiešajte do panvice s vínnym octom, medom, zázvorom a rascou. Priveďte do varu a varte za stáleho miešania 2 minúty. Vráťte bravčové mäso na panvicu a pred podávaním ho prehrejte.

Bravčové mäso s vlašskými orechmi

Pre 4 osoby

50 g / 2 oz / ½ šálky orechov
225 g chudého bravčového mäsa nakrájaného na prúžky
30 ml / 2 polievkové lyžice hladkej múky (univerzálne)
30 ml / 2 polievkové lyžice hnedého cukru
30 ml / 2 polievkové lyžice sójovej omáčky
vyprážať olej
15 ml / 1 polievková lyžica arašidového oleja

Vlašské orechy varíme 2 minúty vo vriacej vode a potom scedíme. Bravčové mäso vymiešame s múkou, cukrom a 15 ml/1 polievková lyžica sójovej omáčky do hladka. Rozpálime olej a bravčové mäso opečieme do chrumkava a dozlatista. Nechajte odkvapkať na savom papieri. Arašidový (arašidový) olej rozohrejeme a orechy opražíme do zlatista. Pridajte bravčové mäso na panvicu, posypte zvyšnou sójovou omáčkou a za stáleho miešania smažte, kým sa nezahreje.

Vepřo knedlo

Pre 4 osoby

450 g / 1 lb mletého bravčového mäsa (mleté)
1 jarná cibuľka (nasekaná cibuľka).
225 g nasekanej zeleniny
30 ml / 2 polievkové lyžice sójovej omáčky
5 ml / 1 lyžička soli
40 wonton skinov
vyprážať olej

Zohrejte panvicu a opečte bravčové mäso a jarnú cibuľku, kým jemne nezhnedne. Odstavíme z ohňa a vmiešame zeleninu, sójovú omáčku a soľ.

Ak chcete zložiť wontons, chyťte kožu do dlane ľavej ruky a do stredu naneste trochu plnky. Okraje navlhčite vajíčkom a zložte kožu do trojuholníka, pričom okraje utesnite. Rohy navlhčite vajíčkom a otočte spolu.

Rozohrejte olej a opečte na ňom wontony po niekoľkých do zlatista. Pred podávaním dobre sceďte.

Bravčové s vodnými gaštanmi

Pre 4 osoby

45 ml / 3 lyžice arašidového oleja

1 strúčik cesnaku, rozdrvený

1 jarná cibuľka (nasekaná cibuľka).

1 plátok koreňa zázvoru, nasekaný

225 g chudého bravčového mäsa nakrájaného na prúžky

100 g vodných gaštanov nakrájaných na tenké plátky

45 ml / 3 lyžice sójovej omáčky

15 ml / 1 polievková lyžica ryžového vína alebo suchého sherry

5 ml / 1 čajová lyžička kukuričnej múky (kukuričný škrob)

Rozpálime olej a orestujeme cesnak, jarnú cibuľku a zázvor, kým jemne nezhnednú. Pridajte bravčové mäso a za stáleho miešania smažte 10 minút, kým nezhnedne. Pridajte vodné gaštany a za stáleho miešania smažte 3 minúty. Pridáme ostatné ingrediencie a za stáleho miešania smažíme 3 minúty.

Bravčové a krevetové wontony

Pre 4 osoby

225 g / 8 oz nakrájané bravčové mäso (mleté)

2 jarné cibuľky (nakrájaná cibuľka).

100 g zmiešanej zeleniny, nakrájanej

100 g nasekaných húb

225 g ošúpaných kreviet, nasekaných

15 ml / 1 polievková lyžica sójovej omáčky

2,5 ml / ½ čajovej lyžičky soli

40 wonton skinov

vyprážať olej

Zohrejte panvicu a opečte bravčové mäso a jarnú cibuľku, kým jemne nezhnedne. Pridajte ostatné ingrediencie.

Ak chcete zložiť wontons, chyťte kožu do dlane ľavej ruky a do stredu naneste trochu plnky. Okraje navlhčite vajíčkom a zložte kožu do trojuholníka, pričom okraje utesnite. Rohy navlhčite vajíčkom a otočte spolu.

Rozohrejte olej a opečte na ňom wontony po niekoľkých do zlatista. Pred podávaním dobre sceďte.

Mleté mäsové guľky v pare

Pre 4 osoby

2 strúčiky cesnaku, rozdrvené

2,5 ml / ½ čajovej lyžičky soli

450 g / 1 lb mletého bravčového mäsa (mleté)

1 cibuľa, nakrájaná

1 červená paprika, nasekaná

1 zelená paprika, nasekaná

2 kusy stopkového zázvoru, nasekané

5 ml / 1 čajová lyžička kari

5 ml / 1 lyžička papriky

1 vajce, rozšľahané

45 ml / 3 lyžice kukuričnej múky (kukuričný škrob)

50 g krátkozrnnej ryže

soľ a čerstvo mleté korenie

60 ml / 4 lyžice nasekanej pažítky

Vmiešame cesnak, soľ, bravčové mäso, cibuľu, papriku, zázvor, kari a papriku. Vajíčko zapracujeme do zmesi s kukuričnou múkou a ryžou. Dochutíme soľou a korením a potom vmiešame pažítku. Mokrými rukami zo zmesi tvarujeme malé guľôčky. Vložte ich do parného koša, prikryte a varte nad vriacou vodou 20 minút, kým sa neuvaria.

Rebierka s omáčkou z čiernej fazule

Pre 4 osoby
900 g bravčových rebier
2 strúčiky cesnaku, rozdrvené
2 jarné cibuľky (nakrájaná cibuľka).
30 ml / 2 polievkové lyžice omáčky z čiernej fazule
30 ml / 2 polievkové lyžice ryžového vína alebo suchého sherry
15 ml / 1 polievková lyžica vody
30 ml / 2 polievkové lyžice sójovej omáčky
15 ml / 1 polievková lyžica kukuričnej múky (kukuričný škrob)
5 ml / 1 lyžička cukru
120 ml / 4 fl oz ½ šálky vody
30 ml / 2 polievkové lyžice oleja
2,5 ml / ½ čajovej lyžičky soli
120 ml / 4 fl oz / ½ šálky kuracieho vývaru

Rebrá nakrájajte na 2,5 cm / 1 palec. Vmiešajte cesnak, jarnú cibuľku, omáčku z čiernej fazule, víno alebo sherry, vodu a 15 ml/1 polievkovú lyžicu sójovej omáčky. Zmiešajte zvyšnú sójovú omáčku s kukuričným škrobom, cukrom a vodou. Rozpálime olej a soľ a rebierka opečieme do zlatista. Vypustite olej. Pridajte cesnakovú zmes a za stáleho miešania smažte 2 minúty. Pridajte vývar, priveďte do varu, prikryte a duste 4 minúty. Vmiešame kukuričnú zmes a za stáleho miešania dusíme, kým omáčka nezosvetlí a nezhustne.

Grilované rebierka

Pre 4 osoby

3 strúčiky cesnaku, rozdrvené
75 ml / 5 lyžíc sójovej omáčky
60 ml / 4 polievkové lyžice hoisin omáčky
60 ml / 4 lyžice ryžového vína alebo suchého sherry
45 ml / 3 polievkové lyžice hnedého cukru
30 ml / 2 polievkové lyžice paradajkového pretlaku (pasta)
900 g bravčových rebier
15 ml / 1 polievková lyžica medu

Zmiešajte cesnak, sójovú omáčku, omáčku hoisin, víno alebo sherry, hnedý cukor a paradajkový pretlak, nalejte na rebrá, prikryte a nechajte cez noc marinovať.

Rebierka sceďte a položte na mriežku v pekáči s trochou vody. Pečieme v predhriatej rúre na 180°C/350°F/plyn 4 počas 45 minút, občas polievame marinádou, pričom si odložíme 30 ml/2 polievkové lyžice marinády. Odloženú marinádu zmiešame s medom a rebierka natrieme. Grilujeme alebo grilujeme (grilujeme) pod rozpáleným grilom asi 10 minút.

Grilované javorové rebrá

Pre 4 osoby

900 g bravčových rebier

60 ml / 4 polievkové lyžice javorového sirupu

5 ml / 1 lyžička soli

5 ml / 1 lyžička cukru

45 ml / 3 lyžice sójovej omáčky

15 ml / 1 polievková lyžica ryžového vína alebo suchého sherry

1 strúčik cesnaku, rozdrvený

Rebierka nakrájajte na 5 cm/2 cm kúsky a vložte ich do misy. Všetky ingrediencie spolu zmiešame, pridáme rebrá a dobre premiešame. Prikryte a nechajte cez noc marinovať. Grilujte (grilujte) alebo opekajte na strednom ohni asi 30 minút.

Vyprážané rebrá

Pre 4 osoby

900 g bravčových rebier

120 ml / 4 fl oz / ½ šálky paradajkového kečupu (catsup)

120 ml / 4 fl oz / ½ šálky vínneho octu

60 ml / 4 polievkové lyžice mangového chutney

45 ml / 3 lyžice ryžového vína alebo suchého sherry

2 strúčiky cesnaku, mleté

5 ml / 1 lyžička soli

45 ml / 3 lyžice sójovej omáčky

30 ml / 2 polievkové lyžice medu

15 ml / 1 polievková lyžica sladkého kari

15 ml / 1 polievková lyžica papriky

vyprážať olej

60 ml / 4 lyžice nasekanej pažítky

Vložte rebrá do misy. Všetky suroviny okrem oleja a pažítky zmiešame, nalejeme na rebierka, prikryjeme a necháme marinovať aspoň 1 hodinu. Rozpálime olej a rebierka opečieme dochrumkava. Podávame posypané pažítkou.

Rebrá s pórom

Pre 4 osoby
450 g / 1 lb bravčové rebrá
vyprážať olej
250 ml / 8 fl oz / 1 šálka vývaru
30 ml / 2 polievkové lyžice paradajkového kečupu (catsup)
2,5 ml / ½ čajovej lyžičky soli
2,5 ml / ½ lyžičky cukru
2 póry, nakrájané na kúsky
6 jarných cibuľiek (pokrájaných na kúsky).
50 g / 2 unce ružičiek brokolice
5 ml / 1 lyžička sezamového oleja

Rebierka nakrájame na 5 cm/2 cm kúsky, rozpálime olej a rebierka opekáme, kým nezačnú hnednúť. Vyberte ich z panvice a nalejte všetko okrem 30 ml/2 polievkové lyžice oleja. Pridáme vývar, kečup, soľ a cukor, privedieme do varu a 1 minútu povaríme. Rebierka vrátime na panvicu a dusíme asi 20 minút, kým nezmäknú.

Medzitým si zohrejeme ďalších 30 ml / 2 lyžice oleja a orestujeme na ňom pór, jarnú cibuľku a brokolicu asi 5 minút. Pokvapkajte sezamovým olejom a usporiadajte okolo teplého servírovacieho taniera. Nalejte rebrá a omáčku do stredu a podávajte.

Rebierka s hubami

Pre 4-6 osôb

6 sušených čínskych húb

900 g bravčových rebier

2 klinčeky badiánu

45 ml / 3 lyžice sójovej omáčky

5 ml / 1 lyžička soli

15 ml / 1 polievková lyžica kukuričnej múky (kukuričný škrob)

Namočte huby do teplej vody na 30 minút, potom sceďte. Vyhoďte a stonky a nakrájajte čiapky. Rebierka nakrájajte na 5 cm/2 palce. Priveďte panvicu s vodou do varu, pridajte rebrá a varte 15 minút. Dobre sceďte. Rebierka vrátime do panvice a podlejeme studenou vodou. Pridajte huby, badián, sójovú omáčku a soľ. Privedieme do varu, prikryjeme a dusíme asi 45 minút, kým mäso nezmäkne. Kukuričnú krupicu zmiešame s trochou studenej vody, vmiešame do panvice a za stáleho miešania dusíme, kým omáčka nezosvetlí a nezhustne.

Rebrá s pomarančom

Pre 4 osoby

900 g bravčových rebier

5 ml / 1 lyžička strúhaného syra

5 ml / 1 čajová lyžička kukuričnej múky (kukuričný škrob)

45 ml / 3 lyžice ryžového vína alebo suchého sherry

soľ

vyprážať olej

15 ml / 1 polievková lyžica vody

2,5 ml / ½ lyžičky cukru

15 ml / 1 polievková lyžica paradajkového pretlaku (pasta)

2,5 ml / ½ čajovej lyžičky chilli omáčky

strúhaná kôra z 1 pomaranča

1 pomaranč, nakrájaný na plátky

Rebierka nakrájame na kúsky a zmiešame so syrom, kukuričnou múkou, 5 ml/1 lyžička vína alebo sherry a štipkou soli. Nechajte 30 minút marinovať. Rozpálime olej a rebierka opekáme asi 3 minúty do zlatista. Vo woku zohrejte 15 ml/1 PL oleja, pridajte zvyšnú vodu, cukor, paradajkový pretlak, chilli omáčku, pomarančovú kôru a víno alebo sherry a na miernom ohni miešajte 2 minúty. Pridajte bravčové mäso a miešajte, kým sa dobre nepotiahne. Preložíme do teplej servírovacej misy a podávame ozdobené plátkami pomaranča.

Ananásové rebrá

Pre 4 osoby

900 g bravčových rebier

600 ml / 1 bod / 2½ šálky vody

30 ml / 2 polievkové lyžice arašidového oleja

2 strúčiky cesnaku nasekané nadrobno

200 g konzervovaných kúskov ananásu v ovocnej šťave

120 ml / 4 fl oz / ½ šálky kuracieho vývaru

60 ml / 4 lyžice vínneho octu

50 g / 2 oz / ¼ šálky hnedého cukru

15 ml / 1 polievková lyžica sójovej omáčky

15 ml / 1 polievková lyžica kukuričnej múky (kukuričný škrob)

3 jarné cibuľky (nakrájaná cibuľka).

Vložte bravčové mäso a vodu do hrnca, priveďte do varu, prikryte a duste 20 minút. Dobre sceďte.

Zahrejte olej a opečte cesnak, kým jemne nezhnedne. Pridajte rebrá a za stáleho miešania ich opekajte, kým sa dobre neoblejú v oleji. Kúsky ananásu sceďte a pridajte 120 ml šťavy do panvice s vývarom, vínnym octom, cukrom a sójovou omáčkou. Privedieme do varu, prikryjeme a dusíme 10 minút. Pridáme scedený ananás. Kukuričnú krupicu zmiešame s trochou vody, vmiešame do omáčky a za stáleho miešania dusíme, kým omáčka nezosvetlí a nezhustne. Podávame posypané jarnou cibuľkou.

Chrumkavé krevetové rebrá

Pre 4 osoby

900 g bravčových rebier

450 g / 1 lb ošúpaných kreviet

5 ml / 1 lyžička cukru

soľ a čerstvo mleté korenie

30 ml / 2 polievkové lyžice hladkej múky (univerzálne)

1 vajce, zľahka rozšľahané

100 g strúhanky

vyprážať olej

Rebierka nakrájajte na 5 cm/2 cm kúsky, vyberte mäso a nasekajte s krevetami, cukrom, soľou a korením. Vmiešame múku a toľko vajec, aby bola zmes lepkavá. Kúsky rebier rozdrvíme a posypeme ich strúhankou. Rozpálime olej a rebierka opečieme, kým nevyplávajú. Dobre sceďte a podávajte horúce.

Rebrá v ryžovom víne

Pre 4 osoby

900 g bravčových rebier
450 ml / ¾ pt / 2 šálky vody
60 ml / 4 polievkové lyžice sójovej omáčky
5 ml / 1 lyžička soli
30 ml / 2 polievkové lyžice ryžového vína
5 ml / 1 lyžička cukru

Rebierka nakrájajte na 2,5 cm/1 palec, vložte do panvice s vodou, sójovou omáčkou a soľou, priveďte do varu, prikryte a duste 1 hodinu. Dobre sceďte. Zohrejte panvicu a pridajte rebrá, ryžové víno a cukor. Za stáleho miešania smažíme na prudkom ohni, kým sa tekutina neodparí.

Bravčové rebrá so sezamovými semienkami

Pre 4 osoby

900 g bravčových rebier

1 vajce

30 ml / 2 polievkové lyžice hladkej múky (univerzálne)

5 ml / 1 lyžička zemiakovej múky

45 ml / 3 polievkové lyžice vody

vyprážať olej

30 ml / 2 polievkové lyžice arašidového oleja

30 ml / 2 polievkové lyžice paradajkového kečupu (catsup)

30 ml / 2 polievkové lyžice hnedého cukru

10 ml / 2 lyžičky vínneho octu

45 ml / 3 lyžice sezamových semienok

4 listy šalátu

Rebierka nakrájajte na 10 cm/4 cm kúsky a vložte do misy. Vajíčko zmiešame s múkou, zemiakovou múkou a vodou, zapracujeme rebrá a necháme 4 hodiny odpočívať.

Zohrejte olej a opečte rebrá do zlatista, potom vyberte a sceďte. Rozpálime olej a pár minút na ňom opekáme kečup, hnedý cukor a vínny ocot. Pridajte rebrá a za stáleho miešania opekajte, kým sa úplne nepotiahnu. Posypeme sezamovými semienkami a za stáleho miešania opekáme 1 minútu. Listy šalátu poukladajte na teplý tanier, ozdobte rebrami a podávajte.

Sladkokyslé rebierka

Pre 4 osoby

900 g bravčových rebier

600 ml / 1 bod / 2½ šálky vody

30 ml / 2 polievkové lyžice arašidového oleja

2 strúčiky cesnaku, rozdrvené

5 ml / 1 lyžička soli

100 g / 4 oz / ½ šálky hnedého cukru

75 ml / 5 polievkových lyžíc kuracieho vývaru

60 ml / 4 lyžice vínneho octu

100 g / 4 oz konzervovaných kúskov ananásu v sirupe

15 ml / 1 polievková lyžica paradajkového pretlaku (pasta)

15 ml / 1 polievková lyžica sójovej omáčky

15 ml / 1 polievková lyžica kukuričnej múky (kukuričný škrob)

30 ml / 2 polievkové lyžice sušeného kokosu

Vložte bravčové mäso a vodu do hrnca, priveďte do varu, prikryte a duste 20 minút. Dobre sceďte.

Rozpálime olej a opečieme rebierka s cesnakom a soľou do zlatista. Pridajte cukor, vývar a vínny ocot a priveďte do varu. Ananás scedíme a do panvice s paradajkovým pretlakom, sójovou omáčkou a kukuričnou múkou pridáme 30 ml / 2 polievkové lyžice sirupu. Dobre premiešame a za stáleho miešania dusíme, kým omáčka nezosvetlí a nezhustne. Pridáme ananás, podusíme 3 minúty a podávame posypané kokosom.

Dusené rebrá

Pre 4 osoby
900 g bravčových rebier
1 vajce, rozšľahané
5 ml / 1 lyžička sójovej omáčky
5 ml / 1 lyžička soli
10 ml / 2 čajové lyžičky kukuričnej múky (kukuričný škrob)
10 ml / 2 lyžičky cukru
60 ml / 4 polievkové lyžice arašidového oleja
250 ml / 8 fl oz / 1 šálka vínneho octu
250 ml / 8 fl oz / 1 šálka vody
250 ml / 8 fl oz / 1 šálka ryžového vína alebo suchého sherry

Vložte rebrá do misy. Vajíčko zmiešame so sójovou omáčkou, soľou, polovicou kukuričného škrobu a polovicou cukru, pridáme k rebrám a dobre premiešame. Rozpálime olej a rebierka opečieme do zlatista. Pridajte zvyšné ingrediencie, priveďte do varu a varte, kým sa tekutina takmer neodparí.

Rebierka s paradajkami

Pre 4 osoby

900 g bravčových rebier

75 ml / 5 lyžíc sójovej omáčky

30 ml / 2 polievkové lyžice ryžového vína alebo suchého sherry

2 rozšľahané vajcia

45 ml / 3 lyžice kukuričnej múky (kukuričný škrob)

vyprážať olej

45 ml / 3 lyžice arašidového oleja

1 cibuľa, nakrájaná na tenké plátky

250 ml / 8 fl oz / 1 šálka kuracieho vývaru

60 ml / 4 lyžice paradajkového kečupu (catsup)

10 ml / 2 čajové lyžičky hnedého cukru

Rebrá nakrájajte na 2,5 cm / 1 palec. Zmiešajte so 60 ml / 4 polievkovými lyžicami sójovej omáčky a vínom alebo sherry a za občasného miešania nechajte 1 hodinu marinovať. Scedíme, marinádu zlikvidujeme. Rebierka obaľte vo vajci a potom v kukuričnej krupici. Zohrejte olej a opečte rebrá, niekoľko po druhom, do zlatista. Dobre sceďte. Podzemnicový (arašidový) olej rozohrejeme a opražíme na ňom cibuľu dosklovita. Pridajte vývar, zvyšnú sójovú omáčku, kečup a hnedý cukor a za stáleho miešania varte 1 minútu. Pridáme rebrá a dusíme 10 minút.

Bravčové pečené na grile

Pre 4-6 osôb

1,25 kg bravčového pliecka bez kosti
2 strúčiky cesnaku, rozdrvené
2 jarné cibuľky (nakrájaná cibuľka).
250 ml / 8 fl oz / 1 šálka sójovej omáčky
120 ml / 4 fl oz / ½ šálky ryžového vína alebo suchého sherry
100 g / 4 oz / ½ šálky hnedého cukru
5 ml / 1 lyžička soli

Vložte bravčové mäso do misy. Zmiešajte zvyšné ingrediencie, nalejte na bravčové mäso, prikryte a nechajte 3 hodiny marinovať. Preneste bravčové mäso a marinádu na plech na pečenie a pečte v predhriatej rúre pri teplote 200 °C/400 °F/plyn 6 počas 10 minút. Znížte teplotu na 160°C/325°F/plynová značka 3 na 1,5 hodiny, kým nebude bravčové mäso uvarené.

Studené bravčové s horčicou

Pre 4 osoby

1 kg / 2 lb bravčová pečienka bez kosti
250 ml / 8 fl oz / 1 šálka sójovej omáčky
120 ml / 4 fl oz / ½ šálky ryžového vína alebo suchého sherry
100 g / 4 oz / ½ šálky hnedého cukru
3 jarné cibuľky (nakrájaná cibuľka).
5 ml / 1 lyžička soli
30 ml / 2 polievkové lyžice horčičného prášku

Vložte bravčové mäso do misy. Všetky zvyšné suroviny okrem horčice zmiešame a nalejeme na bravčové mäso. Nechajte marinovať aspoň 2 hodiny za častého podlievania. Plech na pečenie vysteľte fóliou a bravčové mäso položte na mriežku v pekáči. Pečte v predhriatej rúre pri 200 °C/400 °F/plyn značka 6 počas 10 minút, potom znížte teplotu na 160 °C/325 °F/plyn značka 3 na ďalšiu 1½ hodiny, kým bravčové mäso nezmäkne. Nechajte vychladnúť a potom schlaďte v chladničke. Nakrájajte veľmi jemne. Zmiešajte horčičný prášok s dostatočným množstvom vody, aby ste vytvorili krémovú pastu, ktorú môžete podávať s bravčovým mäsom.

www.ingramcontent.com/pod-product-compliance
Lightning Source LLC
Chambersburg PA
CBHW070424120526
44590CB00014B/1531